PRAISE COLLECTION VOL. 1

프레이즈

비전북출판사

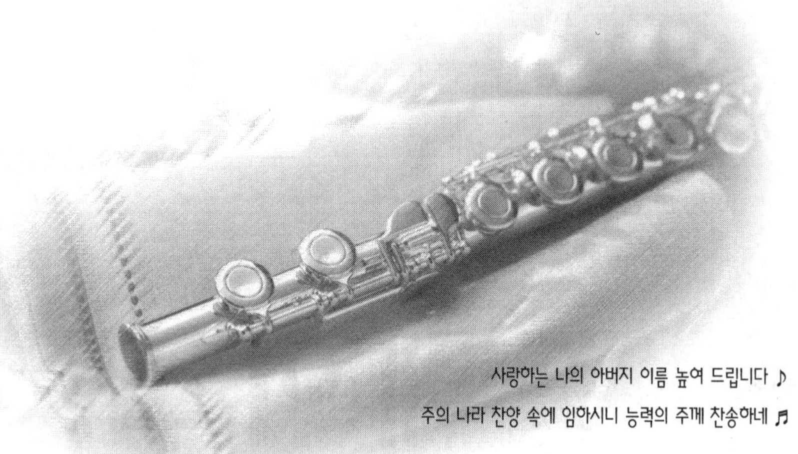

사랑하는 나의 아버지 이름 높여 드립니다 ♪
주의 나라 찬양 속에 임하시니 능력의 주께 찬송하네 ♬

편집하면서

프레이즈 VOL 1.은 청년들과 청소년들을 위해 그 대상에 맞게 엄선한 찬양곡들의 모음입니다.
새로운 편집에 의한 차례와 구성을 살펴 보겠습니다.

Chapter 1 : 새노래

새노래를 따로 분류함으로써 배움과 나눔에 있어서 효율성을 기했습니다.
그리고 각각의 새노래는 진행되는 차례와 주제에 맞게끔 재분류를 하였습니다.

Chapter 2 : 경배와 찬양

예배의 중심이 되는 찬양으로서 주제별로 구분하였습니다. 구분은 **경배와 찬양, 간구, 감사, 헌신과 의탁, 기쁨, 구원, 치유와 회복, 선교와 전도, 선포와 명령, 영적전쟁과 승리** 등으로 되어 있어 예배 성격과 흐름에 맞는 곡 선정에 도움이 되도록 하였습니다.

Chapter 3 : 축복과 평안

교제와 축복 그리고 평안과 화합을 위한 찬양을 따로 분류하여 회중들 간의 교제에
도움이 되도록 하였습니다.

Chapter 4 : 특별찬양

특송과 발표를 위한 곡들을 선정하여 분류하였습니다.

프레이즈 VOL 1.이 여러분들의 경배와 찬양 생활에 도움이 된다면 실로 큰 기쁨이 아닐 수 없습니다.
살아계신 하나님을 찬양합시다!

프레이즈 VOL 1.을 내면서 …

"너희 의인들아 여호와를 즐거워하라 찬송은 정직한 자의 마땅히 할 바로다"(시편 33 : 1).

사랑하는 하나님!

주의 이름을 송축합니다.

영광의 하나님께서는 죄인된 우리를 의인으로 부르시고

정직하고 순결한 고백을 듣기 원하십니다.

마땅히 그분의 이름을 높이고 찬양해야 할 것입니다.

살아계신 하나님께서는 찬양 가운데 우리와 거하시며 이 땅의 역사를 세워나가십니다.

"예배는 곧 삶"이 되어야 하는 까닭에 참된 예배자로서 하나님을 찬양해야 하며,

영적인 침체와 그늘속의 매임으로부터 자유케 되는 역사를 위해 하나님을 찬양해야 하며,

황폐화된 이땅을 하나님 나라로서의 회복과

주님의 주권 회복을 위해 하나님을 찬양해야 합니다.

하늘사다리는 내적인 찬송의 부흥과 영적인 부요함을 위해

기도와 헌신속에서 경배와 찬양집을 준비했습니다.

이 찬양을 통해 한국교회의 찬송과 예배가 회복되기를 간절히 기도합니다.

"보좌에서 음성이 나서 가로되

하나님의 종들 곧 그를 경외하는 너희들아 무론 대소하고

다 우리 하나님께 찬송하라 하더라"(계 19 : 5).

Hosanna!

새노래

1. 세상향한 발걸음들
2. 거룩하고 순결한
3. 거룩하신 주님
4. 거룩하신 주 임할 때
5. 거룩한 성전에 거하시며
6. 거룩한 주하나님
7. 거룩한 하나님
8. 그 무엇보다
9. 나 기뻐하리
10. 나는 믿음으로
11. 나를 단련하시는 주
12. 너 시온아
13. 모두다 나아와
14. 머리 들라 문들아
15. 사랑합니다 II
16. 승리관 쓰신 주님
17. 여호와 춤추리
18. 영광영광 어린양 예수
19. 예수는 나의 영광
20. 오직 예수
21. 온맘다해 주사랑 하라
22. 왕의왕 주의주
23. 왕의 지성소에 들어가
24. 우리 함께 기뻐해
25. 이날은 주가 지으신 날
26. 존귀한 주의 이름
27. 주 날 위하시면
28. 주는 나의 피난처
29. 주님 내 아버지
30. 주님을 무엇보다 더
31. 주의 위엄 전하리
32. 주의 아름다움은
33. 주의 이름 송축하리
34. 주의 이름은 강하고 견고한 망대
35. 주의 인자하심이 II
36. 찬양의 제사 드리며
37. 찬양해 주님의 종들아
38. 할렐루야 주가 다스리네

C CODE

39. 사랑하는 나의 아버지
40. 내 입술로
41. 주께와 엎드려(예배드림이 기쁨 됩니다)
42. 주의 거룩하심(주께 경배해)
43. 하나님의 음성을(시편 40편)
44. 찬양을 드리며
45. 오 하나님 받으소서
46. 예수 사랑해요
47. 주는 알파와 오메가
48. 눈을 들어 주를 보라
49. 그 이름 높도다
50. 언제나 내모습
51. 거룩거룩 만군의 주여
52. 거룩하신 주님
53. 어린양 예수
54. 내 영혼아 여호와를 송축하라
55. 항상 진실케
56. 주님의 시간에
57. 목마른 사슴
58. 하나님 오른편에
59. 주의 신을 내가 떠나
60. 능력의 이름 예수
61. 모두다 나아와
62. 보좌에 계신 이와
63. 주님의 성령 지금 이곳에(임하소서)
64. 승리관을 쓰신 주님
65. 사랑스런 주의 손길
66. 주께 감사하세
67. 내 이름으로(역대하 7:14)
68. 나를 단련하시는 주
69. 내가 사는 것
70. 주가 나의 죄를(나이제 자유하네)
71. 먼저 그 나라와
72. 우리의 만남은
73. 온 세상의 왕이 되신
74. 우리는 예수님 따르는(그리스도의 제자)

75. 온 땅과 만민들아
76. 주찬양 전심으로
77. 새노래로 주찬양해
78. 해 돋는 데부터
79. 구원이 하나님과(구원이 하나님께)
80. 주의 강한 용사들
81. 주님 이곳에
82. 즐거웁게 찬양하면서
83. 영광영광 왕께 영광을
84. 복음들고(주다스리시네)
85. 주 날 위하시면
86. 사람들은 이해할 수 없네

D CODE

87. 내주 되신 주
88. 영광영광 어린양 예수
89. 모든 이름위에 뛰어난
90. 주 찬양합니다
91. 때가 차매
92. 주님께 경배 드리세
93. 주님 내가 여기 있사오니(나를 받으옵소서)
94. 내 평생 사는 동안
95. 이와 같은 때엔
96. 주님을 무엇보다 더
97. 사슴이 시냇물을(시편 42편)
98. 하나님 나 여기 있으니
99. 주는 나의 피난처
100. 우리 모일 때
101. 오직 예수
102. 눈을 들어 영광의 왕을
103. 왕의 왕께 영광을
104. 거룩 거룩 거룩하신 주 II
105. 거룩하고 순결한
106. 거룩 거룩 거룩
107. 보좌에 앉으소서
108. 나의 안에 계신 주님
109. 내가 그리스도와 함께
110. 내게 있는 향유 옥합
111. 그 무엇보다

112. 사랑합니다 Ⅰ
113. 주님 그 큰사랑
114. 오 나의 자비로운 주여 (Spirit Song)
115. 왕의 왕 예수
116. 온 세상죄 지고가신 (하나님의 어린양)
117. 주는 승리의 왕
118. 감사해요
119. 복의 근원되신 주
120. 아침에 나로
121. 주의 인자는 끝이 없고
122. 주님나라가 이곳에 임했네
123. 하나님이 세상을
124. 보라 그날이 (주여 오소서)
125. 나의 하나님 내 구주를 (구속하신 주찬양)
126. 나는 믿음으로
127. 내가 주를 찬송하리
128. 나는 주를 부르리
129. 찬양의 제사 드리며
130. 감사로 제사 드리는 자가
131. 주님께 영광을
132. 영광의 주
133. 오라 우리가 Ⅰ
134. 여호와 춤추리
135. 내 주는 크고 큰 능력으로
136. 내가 여호와의 인자하심을
137. 나의 주 크고 놀라운 하나님
138. 세상권세 멸하시려

E CODE

139. 예수 이름 찬양
140. 왕의 지성소에 들어가
141. 두손들고 찬양합니다
142. 예수 가장 귀한 그 이름
143. 사랑해요 목소리 높여
144. 주를 높일지라
145. 구하라
146. 거룩한 땅에 Ⅰ
147. 거룩한 땅에 Ⅱ

148. 나의 마음을
149. 주 하나님 아버지 (크고도 놀라와라)
150. 주님 내 아버지
151. 전심으로 주 찬양
152. 평강의 왕이요
153. 우리찬양 향기되게 하시고
154. 우리가 여호와께 노래하며 부르자
155. 내 영이
156. 우리함께 기뻐해
157. 기뻐하며 승리의 노래
158. 승리의 노래
159. 강한 용사
160. 위대하고 강하신 주님
161. 크신 주께
162. 찬송하라
163. 찬양해 주님의 종들아
164. 손을 높이 들고
165. 손을 잡고서
166. 해 뜨는 데부터
167. 이날은 주가 지으신 날
168. 존귀 오 존귀하신 주
169. 기묘라 모사라
170. 확정되었네
171. 주님의 사랑
172. 주의 나라에서 (종이 되어 섬기세요)
173. 재대신 화관을
174. 내가 어둠 속에서
175. 감사함으로
176. 할렐루야 전능하신 주께서 다스리네

F CODE

177. 왕이신 나의 하나님
178. 왕이신 하나님
179. 예수는 나의 영광
180. 주를 찬양하며
181. 거룩하신 주 임할 때
182. 거룩한 하나님
183. 찬양 알렐루야 Ⅰ
184. 거룩하신 하나님 Ⅰ
185. 거룩하신 하나님 Ⅱ

186. 존귀 존귀하신 주
187. 열어주소서
188. 온맘다해 주 사랑하라
189. 주님만 사랑하리
190. 찬양 알렐루야 Ⅱ
191. 주는 땅위에서 (나는 주를 높이리라)
192. 하늘과 땅의
193. 우리는 주의 백성이오니
194. 오 할렐루야
195. 감사드려요
196. 송축하리 주의 이름을
197. 주의 이름 송축하리
198. 만군의 주 (나의 손을 가르쳐)

G CODE

199. 어린양 찬양
200. 주의 인자하심이 Ⅱ
201. 전능하신 주님
202. 당신은 영광의 왕
203. 존귀한 주의 이름
204. 내 영혼이
205. 내 손을 주께 (찬송의 옷을 주셨네)
206. 거룩 거룩 거룩하신 주 Ⅰ
207. 거룩한 주 하나님
208. 여호와 거룩하신 주
209. 오 예수님
210. 예수의 이름으로
211. 예수 알렐루야 구주
212. 우리를 사랑하사
213. 살아 계신 하나님
214. 찬양하라 내영혼아
215. 지존하신 주님이름 앞에
216. 주님의 손으로
217. 모든 영광을 하나님께
218. 보라 하나님은
219. 보좌에 앉으신
220. 왕이신 예수
221. 주님이나를 사랑하사 (그 사랑)
222. 사랑합니다 Ⅱ
223. 사모합니다

Praise *Hosanna!*

224. 사랑의 노래 드리네
225. 주님 사랑해요
226. 주와 같은 분
227. 주를 바라보며
228. 주의 위엄 전하리
229. 아버지 내 삶의 모든 것 되신 주
230. 나의 사랑 나의 생명(나의 예수님)
231. 새노래로
232. 나의 말에 귀를(시편 5편)
233. 정결한 마음 주시옵소서
234. 주의 장막이 어찌 그리 아름다운지요
235. 예수예수예수(예수 영원히 통치하시네)
236. 승리하였네
237. 죄악에서
238. 감사해
239. 주님의 성령이(전하세 예수)
240. 할렐루야 주가 다스리네
241. 세상향한 발걸음들
242. 예수는 왕
243. 왕의 왕 주의 주
244. 기뻐하며 왕께
245. 나 기뻐하리
246. 주이름에 합당한 영광을
247. 다와서 찬양해
248. 나의 주님을 찬양합니다
249. 주님의 영광 나타나셨네
250. 오주여 나의 마음이
251. 호산나 Ⅰ
252. 호산나 Ⅲ
253. 우리함께 모여
254. 이스라엘 하나님 찬양
255. 주 우리 아버지
256. 그리 아니하실지라도
257. 그날이 도적같이
258. 주의 이름은 강하고 견고한 망대
259. 승리관 쓰신 주님
260. 승리 나에게 주셨네
261. 우리 주예수님께서

262. 선포하라 Ⅱ
263. 나를 사랑하는 주님
264. 주를 높이리라
265. 문들아 머리들어라
266. 일어나라 찬양을 드리라
267. 우리모두 노래합시다
268. 입술로만(주님처럼 어디서나)
269. 주님 한분 만으로
270. 주의 인자하심을
271. 주의 인자하심이 Ⅰ

A CODE

272. 여호와여
273. 들어오라 지성소로
274. 고개 들어
275. 나는 찬양하리라
276. 하나님 어린양
277. 주님 큰 영광 받으소서
278. 모든 존귀와
279. 예수이름 높이리라
280. 주 여호와는 광대하시도다
281. 거룩한 성전에 거하시며
282. 찬양하리라
283. 호산나 Ⅱ
284. 하나님 아버지
285. 예수 우리 왕이여
286. 온 맘으로 송축하리
287. 내가 만민중에
288. 주님 당신은 사랑의 빛(비추소서)
289. 우리 보좌 앞에 모였네(비전)
290. 선포하라 Ⅰ
291. 보좌에 계신 하나님
292. 오라 우리가 Ⅱ
293. 오 주님 나 주님을
294. 주의 아름다움은
295. 나의 백성이
296. 나의 영혼이(오직 주만이)
297. 너의 하나님 여호와가
298. 주의 신을 내가 떠나 Ⅱ
299. 가라 너희는

300. 예수만이 참 길(오직 예수님)
301. 만방의 족속들아
302. 오 하나님 온 땅위에
303. 형제여 우리 모두 다함께
304. 평강의 왕이요 Ⅰ
305. 그 이름 예수
306. 찬양하라
307. 찬양찬양 Ⅰ
308. 찬양찬양 Ⅱ
309. 찬양하세
310. 머리들라 문들아
311. 영광의 주님 찬양하세
312. 주 하나님(살아 계신 주)

MINOR CODE

313. 주님을 송축하리
314. 깨어라 이스라엘
315. 유빌라데 우리모두
316. 저 성벽을 향해
317. 주께서 전진해온다
318. 주님과 담대히
319. 경배와 사랑 드리네
320. 글로리아
321. 내 슬픔 춤이 되게 하고
322. 성령님 이곳에 오소서
323. 온 땅이여 주를 찬양
324. 그는 여호와
325. 기뻐 찬양해
326. 기쁨으로 주께 외치세
327. 너 시온아
328. 들으라 이스라엘
329. 들어주소서
330. 온 땅이여
331. 감사하며
332. 사랑의 기 높이들고

축복과 평안

333. 축복하소서
334. 만나서 반가와요
335. 매일 스치는 사람들(그들은 모두

주가 필요해)
336. 아주 먼 옛날(당신을 향한 노래)
337. 이 시간 이곳에(주안에서)
338. 그대는 주님 보내신
339. 사랑의 주님이
340. 우리모두 다함께
341. 위로하여라
342. 평안을 너에게
343. 너는 시냇가에
344. 넌 하나님의 집에 있는
345. 예수 사랑
346. 우리에게 향하신
347. 주가 만드신 이 날을
348. 주가 주신 이날은
349. 주는 평화
350. 나에게 당신은(사랑의 노래)
351. 우리 안에 사랑을

352. 주님의 사랑이(주님 사랑 온 누리에)
353. 형제의 모습 속에
354. 날 사랑하신
355. 당신이 지쳐서(누군가 널 위해 기도하네)
356. 때로는 너의 앞에(축복송)
357. 외로움도 견디어나겠소(우리)
358. 주님께서 주시는
359. 우리 함께 걸어요(우린 주안에 한 가족)
360. 주님의 그 사랑이
361. 주의 사랑으로 사랑하게 하소서
362. 하나님께서는(하나되게 하소서)

특별찬양

363. 나의 가장 낮은 마음(낮은 자의 하나님)

364. 나의 하나님
365. 내 기뻐하는 자
366. 마음이 가난한 자(마 5:3-10)
367. 어찌하여야
368. 여호와는 나의 반석
369. 영광 가장 높은 곳에(영광 메들리)
370. 예수 사랑하심은(널 사랑하심)
371. 이 세상 어둠 속에서(어린양 되신 예수님)
372. 저 하늘나라 아기별님(예수님의 사랑 알까요)
373. 짙은 안개 가득하던(평안을)
374. 하나님은 우리의 피난처시요(피난처)
375. 하나님이시여(주는 나의)
376. 하늘을 바라보라(주님의 솜씨)

가사첫줄 가나다순

가

가라 너희는 299
감사드려요 195
감사로 제사 드리는 자가 130
감사하며 331
감사함으로 175
감사해 238
감사해요 118
강한 용사 159
거룩 거룩 거룩 106
거룩 거룩 거룩하신 주 Ⅰ 206
거룩 거룩 거룩하신 주 Ⅱ 104
거룩 거룩 만군의 주여 51
거룩하고 순결한 2, 105
거룩하신 주님 3, 52
거룩하신 주 임할 때 4, 181
거룩하신 하나님 Ⅰ 184

거룩하신 하나님 Ⅱ 185
거룩한 땅에 Ⅰ 146
거룩한 땅에 Ⅱ 147
거룩한 성전에 거하시며 5, 281
거룩한 주하나님 6, 207
거룩한 하나님 7, 182
경배와 사랑 드리네 319
고개 들어 274
구원이 하나님과(구원이 하나님께) 79
구하라 145
그날이 도적같이 257
그는 여호와 324
그대는 주님 보내신(주님의 선물) 338
그리 아니하실지라도 256
그 무엇보다 8, 111
그 이름 높도다 49
그 이름 예수 305
글로리아 320

기묘라 모사라 169
기뻐 찬양해 325
기뻐하며 승리의 노래 157
기뻐하며 왕께 244
기쁨으로 주께 외치세 326
깨어라 이스라엘 314

나

나 기뻐하리 9, 245
나는 믿음으로 10, 126
나는 주를 부르리 128
나는 찬양하리라 275
나를 단련하시는 주 11, 68
나를 사랑하는 주님 263
나에게 당신은(사랑의 노래) 350
나의 가장 낮은마음(낮은자의 하나님) 363
나의 마음을 148
나의 말에 귀를(시편 5편) 232

Praise
Hosanna!

나의 백성이 295
나의 사랑 나의 생명 (나의 예수님) 230
나의 안에 계신 주님 108
나의 영혼이 (오직 주만이) 296
나의 주님을 찬양합니다 248
나의 주 크고 놀라운 하나님 137
나의 하나님 364
나의 하나님 내구주를 (구속하신 주 찬양) 125
날 사랑하신 354
내가 그리스도와 함께 109
내가 만민 중에 287
내가 사는 것 69
내가 어둠 속에서 174
내가 여호와의 인자하심을 136
내가 주를 찬송하리 127
내게 있는 향유옥합 110
내 기뻐하는 자 365
내손을 주께 높이 (찬송의 옷을 주셨네) 205
내 슬픔 춤이 되게 하고 321
내 영이 155
내 영혼아 여호와를 송축하라 54
내 영혼이 204
내 이름으로 (역대하 7:14) 67
내 입술로 40
내 주는 크고 큰 능력으로 135
내 주되신 주 87
내 평생 사는 동안 94
너는 시냇가에 343
너 시온아 12, 327
너의 하나님 여호와가 297
넌 하나님의 집에 있는 344
눈을 들어 영광의 왕을 102
눈을 들어 주를 보라 48
능력의 이름 예수 60

다

다와서 찬양해 247
당신은 영광의 왕 202
당신이 지쳐서 355

두손들고 찬양합니다 141
들어오라 지성소로 273
들어주소서 329
들으라 이스라엘 328
때가 차매 91
때로는 너의 앞에 (축복송) 356

마

마음이 가난한 자 (마 5:3-10) 366
만 군의 주 (나의 손을 가르쳐) 198
만나서 반가와요 334
만방의 족속들아 301
매일 스치는 사람들 (그들은 모두 주가 필요해) 335
머리 들라 문들아 14, 310
먼저 그 나라와 71
모두다 나아와 13, 61
모든 영광을 하나님께 217
모든 이름 위에 89
모든 존귀와 278
목마른 사슴 57
문들아 머리 들어라 265

바

보라 그날이 (주여 오소서) 124
보라 하나님은 218
보좌에 계신 이와 62
보좌에 계신 하나님 291
보좌에 앉으소서 107
보좌에 앉으신 219
복음들고 (주 다스리시네) 84
복의 근원 되신 주 119

사

사람들은 이해할 수 없네 86
사랑스런 그 주의 손길 (영원하신 그 사랑) 65
사랑의 기 높이들고 332
사랑의 노래드리네 224
사랑의 주님이 339

사랑하는 나의 아버지 39
사랑합니다 Ⅰ 112
사랑합니다 Ⅱ 15, 222
사링해요 목소리 높여 143
사모합니다 223
사슴이 시냇물을 (시편 42편) 97
살아 계신 하나님 213
새노래로 231
새노래로 주찬양해 77
선포하라 Ⅰ 290
선포하라 Ⅱ 262
성령님 이곳에 오소서 322
세상권세 멸하시려 138
세상향한 발걸음들 1, 241
손을 높이 들고 164
손을 잡고서 165
송축하리 주의 이름을 196
승리관 쓰신 주님 16, 259
승리관을 쓰신 주님 64
승리 나에게 주셨네 260
승리의 노래 158
승리하였네 236

아

아버지 내 삶의 모든 것 되신 주 229
아주 먼 옛날 (당신을 향한 노래) 336
아침에 나로 주의 120
어린양 예수 53
어린양 찬양 199
어찌하여야 367
언제나 내모습 (주님 내안에) 50
여호와 거룩하신 주 208
여호와는 나의 반석 368
여호와여 272
여호와 춤추리 17, 134
열어주소서 187
영광 가장 높은 곳에 (영광메들리) 369
영광 영광 어린양 예수 18, 88
영광 영광 왕께 영광을 83
영광의 주 132

영광의 주님 찬양하세 311
예수 가장 귀한 그 이름 142
예수는 나의 영광 19, 179
예수는 왕 242
예수만이 참 길(오직 예수님) 300
예수사랑 345
예수 사랑하심은(널 사랑하심) 370
예수 사랑해요 46
예수 알렐루야 구주 211
예수 예수 예수(예수 영원히 통치하시네) 235
예수 우리 왕이여 285
예수의 이름으로 210
예수이름 높이리라 279
예수 이름 찬양 139
오 나의 자비로운 주여(Spirit Song) 114
오라 우리가 Ⅰ 133
오라 우리가 Ⅱ 292
오 예수님 209
오 주님 나 주님을 293
오 주여 나의 마음이 250
오직 예수 20, 101
오 하나님 받으소서 45
오 하나님 온땅 위에 302
오 할렐루야 194
온땅과 만민들아 75
온땅이여 330
온땅이여 주를 찬양 323
온맘다해 주 사랑하라 21, 188
온 맘으로 송축하리 286
온 세상의 왕이 되신 73
온 세상죄 지고가신(하나님의 어린양) 116
왕의 왕께 영광을 103
왕의 왕 예수 115
왕의 왕 주의 주 22, 243
왕의 지성소에 들어가 23, 140
왕이신 나의 하나님 177
왕이신 예수 220
왕이신 하나님 178
외로움도 견디어 나겠소(우리) 357

우리가 여호와께 노래하며 부르자 154
우리는 예수님 따르는(그리스도의 제자) 74
우리는 주의 백성이오니 193
우리를 사랑하사 212
우리모두 노래합시다 267
우리모두 다함께 340
우리 모일 때 100
우리 보좌 앞에 모였네(비전) 289
우리 안에 사랑을 351
우리에게 향하신 346
우리의 만남은(왕국과 소명) 72
우리 주 예수님께서 261
우리찬양 향기 되게 하시고 153
우리함께 걸어요(우린 주 안에 한가족) 359
우리함께 기뻐해 24, 156
우리함께 모여 253
위대하고 강하신 주님 160
위로하여라 341
유빌라데 우리모두 315
이날은 주가 지으신 날 25, 167
이 세상 어둠속에서(어린양되신 예수님) 371
이스라엘 하나님 찬양 254
이 시간 이곳에(주 안에서) 337
이와 같은 때엔 95
일어나라 찬양을 드리라 266
입술로만(주님처럼 어디서나) 268

자

재대신 화관을 173
저 성벽을 향해 316
저 하늘나라 아기별님(예수님의 사랑 알까요) 372
전능하신 주님 201
전심으로 주찬양 151
정결한 마음 주시옵소서 233
존귀 오 존귀하신 주 168
존귀 존귀하신 주 186
존귀한 주의 이름 26, 203

죄악에서 237
주가 나의 죄를(나 이제 자유하네) 70
주가 만드신 이날을 347
주가 주신 이날은 348
주께 감사하세 66
주께서 전진해온다 317
주께와 엎드려(예배 드림이 기쁨 됩니다) 41
주 날 위하시면 27, 85
주는 나의 피난처 28, 99
주는 땅 위에서(나는 주를 높이리라) 191
주는 승리의 왕 117
주는 알파와 오메가 47
주는 평화 349
주님과 담대히 318
주님 그 큰사랑 113
주님께 경배 드리세 92
주님께서 주시는 358
주님께 영광을 131
주님나라가 이곳에 임했네 122
주님 내가 여기 있사오니(나를 받으옵소서) 93
주님 내 아버지 29, 150
주님 당신은 사랑의 빛(비추소서) 288
주님만 사랑하리 189
주님 사랑해요 225
주님을 무엇보다 더 30, 96
주님을 송축하리 313
주님의 그 사랑이 360
주님의 사랑 171
주님의 사랑이(주님사랑 온 누리에) 352
주님의 성령 지금 이곳에(임하소서) 63
주님의 성령이(전하세 예수) 239
주님의 손으로 216
주님의 시간에 56
주님의 영광 나타나셨네 249
주님 이곳에 81
주님이 나를 사랑하사(그 사랑) 221
주님 큰 영광 받으소서 277
주님 한 분만으로 269

차 례 주제별 분류

주를 높이리라 264
주를 높일지라 144
주를 바라보며 227
주를 찬양하며 180
주여호와는 광대하시도다 280
주와 같은 분 226
주우리 아버지 255
주의 강한 용사들 80
주의 거룩하심 생각할 때(주께 경배해) 42
주의 나라에서(종이 되어 섬기세요) 172
주의 사랑으로 사랑하게 하소서 361
주의 신을 내가 떠나 Ⅰ 59
주의 신을 내가 떠나 Ⅱ 298
주의 아름다움은 32, 294
주의 위엄 전하리 31, 228
주의 이름 송축하리 33, 197
주의 이름은 강하고 견고한 망대 34, 258
주의 인자는 끝이 없고 121
주의 인자하심을 270
주의 인자하심이 Ⅰ 271
주의 인자하심이 Ⅱ 35, 200
주의 장막이 어찌 그리 아름다운 지요 234
주이름에 합당한 영광을 246
주찬양 전심으로 76
주찬양합니다 90
주하나님(살아 계신 주) 312

주하나님 아버지(크고도 놀라워라) 149
즐거웁게 찬양하면서 82
지존하신 주님이름 앞에 215
짙은 안개 가득하던(평안을) 373

차

찬송하라 162
찬양 알렐루야 Ⅰ 183
찬양 알렐루야 Ⅱ 190
찬양을 드리며(주앞에 옵니다) 44
찬양의 제사 드리며 36, 129
찬양 찬양 Ⅰ 307
찬양 찬양 Ⅱ 308
찬양하라 306
찬양하라 내 영혼아 214
찬양하리라 282
찬양하세 309
찬양해 주님의 종들아 37, 163
축복하소서 333

카

크신 주께 161

파

평강의 왕이요 Ⅰ 304
평강의 왕이요 Ⅱ 152

평안을 너에게 342

하

하나님께서는(하나되게 하소서) 362
하나님 나 여기 있으니 98
하나님 아버지 284
하나님 어린양 276
하나님 오른편에 58
하나님은 우리의 피난처시요(피난처) 374
하나님의 음성을(시편 40편) 43
하나님 이 세상을(요 3:16) 123
하나님이시여(주는 나의) 375
하늘과 땅의(가라) 192
하늘을 바라보라(주님의 솜씨) 376
할렐루야 전능하신 주께서 다스리네176
할렐루야 주가 다스리네 38, 240
항상 진실케 55
해 돋는 데부터 78
해 뜨는 데부터 166
형제여 우리모두 다함께 303
형제의 모습 속에 353
호산나 Ⅰ 251
호산나 Ⅱ 283
호산나 Ⅲ 252
확정되었네 170

주제별 분류

새노래

거룩하고 순결한 2
거룩하신 주 임할 때 4
거룩하신 주님 3
거룩한 성전에 거하시며 5
거룩한 주하나님 6
거룩한 하나님 7
그 무엇보다 8

나 기뻐하리 9
나는 믿음으로 10
나를 단련하시는 주 11
너 시온아 12
머리 들라 문들아 14
모두다 나아와 13
사랑합니다 Ⅱ 15
세상향한 발걸음들 1
승리관 쓰신 주님 16

여호와 춤추리 17
영광 영광 어린양 예수 18
예수는 나의 영광 19
오직 예수 20
온맘다해 주 사랑 하라 21
왕의 지성소에 들어가 23
왕의왕 주의주 22
우리 함께 기뻐해 24
이날은 주가 지으신 날 25

존귀한 주의 이름 26
주 날 위하시면 27
주는 나의 피난처 28
주님 내아버지 29
주님을 무엇보다 더 30
주의 아름다움은 32
주의 위엄 전하리 31
주의 이름 송축하리 33
주의 이름은 강하고 견고한 망대 34
주의 인자하심이 Ⅱ 35
찬양의 제사 드리며 36
찬양해 주님의 종들아 37
할렐루야 주가 다스리네 38

경배와 찬양

거룩 거룩 거룩 106
거룩 거룩 거룩하신 주 Ⅰ 206
거룩 거룩 거룩하신 주 Ⅱ 104
거룩 거룩 만군의 주여 51
거룩하고 순결한 2, 105
거룩하신 주님 3, 52
거룩하신 주 임할 때 4, 181
거룩하신 하나님 Ⅰ 184
거룩하신 하나님 Ⅱ 185
거룩한 성전에 거하시며 5, 281
거룩한 주 하나님 6, 207
거룩한 하나님 7, 182
경배와 사랑드리네 319
고개들어 274
그 무엇보다 8, 111
그 이름 높도다 49
그 이름 예수 305
글로리아 320
기묘라 모사라 169
기뻐 찬양해 325
기뻐하며 왕께 244
기쁨으로 주께 외치세 326
나는 주를 부르리 128
나는 찬양하리라 275
나의 사랑 나의 생명(나의 예수님) 230

나의 주님을 찬양합니다 248
나의 주 크고 놀라운 하나님 137
나의 하나님 내 구주를(구속하신 주찬양) 125
내가 만민중에 287
내가 여호와의 인자하심을 136
내가 주를 찬송하리 127
내 손을 주께 높이(찬송의 옷을 주셨네) 205
내 영이 155
내 영혼아 여호와를 54
내 영혼이 204
내 입술로 40
내 주는 크고 큰 능력으로 135
내 주 되신 주 87
내 평생 사는 동안 94
너의 하나님 여호와가 297
눈을 들어 영광의 왕을 102
눈을 들어 주를 보라 48
다와서 찬양해 247
당신은 영광의 왕 202
두손들고 찬양합니다 141
들어오라 지성소로 273
때가 차매 91
만군의 주(나의 손을 가르쳐) 198
만방의 족속들아 301
머리들라 문들아 14, 310
모두다 나아와 13, 61
모든 영광을 하나님께 217
모든 이름위에 뛰어난 89
모든 존귀와 278
문들아 머리 들어라 265
보라 하나님은 218
보좌에 계신 이와 62
보좌에 계신 하나님 291
보좌에 앉으소서 107
보좌에 앉으신 219
복의 근원 되신 주 119
사랑의 기 높이들고 332
사랑의 노래 드리네 224

사랑의 주님이 339
사랑하는 나의 아버지 39
사랑합니다 Ⅰ 112
사랑합니다 Ⅱ 15, 222
사랑해요 목소리 높여 143
사모합니다 223
살아계신 하나님 213
새노래로 231
새노래로 주 찬양해 77
손을 높이 들고 164
손을 잡고서 165
송축하리 주의 이름을 196
아버지 내 삶의 모든 것 229
어린양 예수 53
어린양 찬양 199
언제나 내모습 50
여호와 거룩하신 주 208
여호와는 나의 반석 368
여호와여 272
여호와 춤추리 17, 134
영광 영광 어린양 예수 18, 88
영광 영광 왕께 영광을 83
영광의 주 132
영광의 주님 찬양하세 311
예수 가장 귀한 그 이름 142
예수는 나의 영광 19, 179
예수는 왕 242
예수만이 참 길(오직 예수님) 300
예수 사랑해요 46
예수 알렐루야 구주 211
예수예수예수(예수 영원히 통치하시네) 235
예수 우리 왕이여 285
예수 이름 높이리라 279
예수 이름 찬양 139
오 나의 자비로운 주여 114
오 주여 나의 마음이 250
오직 예수 20, 101
오 하나님 받으소서 45
오 하나님 온 땅위에 302

오 할렐루야 194
온 땅이여 주를 찬양 323
온 맘다해 주 사랑하라 21, 188
온 맘으로 송축하리 286
온 세상의 왕이 되신 73
온 세상 죄 지고가신(하나님의 어린양) 116
왕의 왕께 영광을 103
왕의 왕 예수 115
왕의 왕 주의 주 22, 243
왕의 지성소에 들어가 23, 140
왕이신 나의 하나님 177
왕이신 예수 220
왕이신 하나님 178
우리가 여호와께 노래하며 부르자(우리가 여호와께) 154
우리를 사랑하사 212
우리 모두 노래합시다 267
우리 모두 다함께 340
우리 모일 때 100
우리 주 예수님께서 261
우리 찬양 향기 되게 153
우리 함께 모여 253
위대하고 강하신 주님 160
유빌라데 우리모두 315
이날은 주가 지으신 날 25, 167
이스라엘 하나님 찬양 254
이와 같은 때엔 95
일어나라 찬양을 드리라 266
입술로만(주님처럼 어디서나) 268
전능하신 주님 201
전심으로 주 찬양 151
존귀 오 존귀하신 주 168
존귀 존귀하신 주 186
존귀한 주의 이름 26, 203
죄악에서 237
주께와 엎드려(예배 드림이 기쁨 됩니다) 41
주 날 위하시면 27, 85
주는 땅 위에서(나는 주를 높이리라) 191
주는 알파와 오메가 47

주님 그 큰사랑 113
주님만 사랑하리 189
주님 내 아버지 29, 150
주님께 경배드리세 92
주님나라 이곳에 임했네 122
주님 사랑해요 225
주님을 무엇보다 더 30, 96
주님을 송축하리 313
주님의 사랑 171
주님의 손으로 216
주님의 영광 나타나셨네 249
주님 이곳에 81
주님이 나를 사랑하사(그사랑) 221
주님 큰 영광 받으소서 277
주님 한분만으로 269
주를 높이리라 264
주를 높일지라 144
주를 바라보며 227
주를 찬양하며 180
주 여호와는 광대하시도다 280
주와 같은 분 226
주 우리 아버지 255
주의 거룩하심 생각할 때(주께 경배해) 42
주의 아름다움은 32, 294
주의 이름 송축하리 33, 197
주의 이름은 강하고 견고한 망대 34, 258
주의 인자는 끝이 없고 121
주의 인자하심을 270
주의 인자하심이 Ⅰ 271
주의 인자하심이 Ⅱ 35, 200
주의 장막이 어찌 그리 아름다운지요(주의 장막이) 234
주 이름에 합당한 영광을 246
주 찬양 전심으로 76
주 찬양합니다 90
주 하나님(살아 계신 주) 312
주 하나님 아버지(크고도 놀라와라) 149
즐거웁게 찬양하면서 82
지존하신 주님이름앞에 215
찬송하라 162

찬양 알렐루야 Ⅰ 183
찬양 알렐루야 Ⅱ 190
찬양을 드리며 44
찬양의 제사 드리며 36, 129
찬양찬양 Ⅰ 307
찬양찬양 Ⅱ 308
찬양하라 306
찬양하라 내 영혼아 214
찬양하리라 282
찬양하세 309
찬양해 주님의 종들아 37, 163
크신 주께 161
평강의 왕이요 Ⅰ 304
평강의 왕이요 Ⅱ 152
하나님 아버지 284
하나님 어린양 276
하나님 오른편에 58
하나님의 음성을(시편 40편) 43
할렐루야 전능하신 주께서 다시리네(전능하신 주께서 다시리네) 176
할렐루야 주가 다스리네 38, 240
해 돋는 데부터 78
해 뜨는 데부터 166
형제여 우리 모두 다함께 303
호산나 Ⅰ 251
호산나 Ⅱ 283
호산나 Ⅲ 252

간구

구하라 145
나의 마음을 148
나의 말에 귀를(시편 5편) 232
나의 백성이 295
나의 영혼이(오직 주만이) 296
내 이름으로 67
들어주소서 329
목마른 사슴 57
보라 그날이(주여 오소서) 124
사슴이 시냇물을(시편 42편) 97
아침에 나로 120

Hosamma!
Praise

언제나 내모습 50
열어주소서 187
정결한 마음 주시옵소서 233
주님 당신은 사랑의 빛(비추소서) 288
주님의 성령 지금 이곳에 63
하나님의 음성을(시편 40편) 43
항상 진실케 55

감사

감사드려요 195
감사로 제사 드리는 자가 130
감사하며 331
감사함으로 175
감사해 238
감사해요 118
그리 아니하실지라도 256
주께 감사하세 66

헌신과 의탁

나의 백성이 295
내게 있는 향유옥합 110
내 이름으로 67
보라 하나님은 218
아버지 내삶에 모든것 229
오 예수님 209
오 주님 나 주님을 293
오 주여 나의 마음이 250
우리는 예수님 따르는(그리스도의 제자) 74
우리의 만남은 72
입술로만(주님처럼 어디서나) 268
주는 알파와 오메가 47
주님 내가 여기 있사오니(나를 받으옵
소서) 93
주님의 손으로 216
주님의 시간에 56
주의 나라에서(종이 되어 섬기세요) 172
주의 신을 내가 떠나 Ⅰ 59
주의 신을 내가 떠나 Ⅱ 298
하나님 나 여기 있으니 98
확정되었네 170

기쁨

기뻐 찬양해 325
기뻐하며 승리의 노래 157
기뻐하며 왕께 244
기쁨으로 주께 외치세 326
나 기뻐하리 9, 245
우리 함께 기뻐해 24, 156

구원

구원이 하나님과(구원이 하나님께) 79
너의 하나님 여호와가 297
어린양 찬양 199
우리 보좌 앞에 모였네(비젼) 289

치유와 회복

나는 믿음으로 10, 126
내가 어둠속에서 174
내 슬픔 춤이 되게 하고 321
사람들은 이해할 수 없네 86
사랑스런 그 주의 손길(사랑스런 주의
손길) 65
성령님 이곳에 오소서 322
언제나 내모습 50
예수의 이름으로 210
재대신 화관을 173
주가 나의 죄를(나 이제 자유하네) 70

선교와 전도

가라 너희는 299
내가 만민중에 287
복음들고(주 다스리시네) 84
세상향한 발걸음들 1, 241
우리는 주의 백성이오니 193
주님의 성령이(전하세 예수) 239
주의 위엄 전하리 31, 228
하늘과 땅의 192

선포와 명령

거룩한 땅에 Ⅰ 146

거룩한 땅에 Ⅱ 147
그날이 도적같이 257
깨어라 이스라엘 314
너 시온아 12, 327
눈을 들어 주를 보라 48
만방의 족속들아 301
먼저 그 나라와 71
문들아 머리 들어라 265
선포하라 Ⅰ 290
선포하라 Ⅱ 262
오라 우리가 Ⅰ 133
오라 우리가 Ⅱ 292
온 땅과 만민들아 75
온땅이여 330
온 땅이여 주를 찬양 323
주님 나라가 이곳에 임했네 122

영적전쟁과 승리

강한 용사 159
세상권세 멸하시려 138
승리관 쓰신 주님 16, 259
승리관을 쓰신 주님 64
승리 나에게 주셨네 260
승리의 노래 158
승리하였네 236
저 성벽을 향해 316
주께서 전진해온다 317
주는 승리의 왕 117
주님과 담대히 318
주의 강한 용사들 80

축복과 평안

그대는 주님 보내신 338
나에게 당신은(사랑의 노래) 350
날 사랑하신 354
너는 시냇가에 343
넌 하나님의 집에 있는 344
당신이 지쳐서(누군가 널 위해 기도하
네) 355
때로는 너의 앞에(축복송) 356

Hosamma!

만나서 반가와요 334
매일 스치는 사람들(그들은 모두 주가 필요해) 335
사랑의 주님이 339
아주 먼 옛날(당신을 향한 노래) 336
예수 사랑 345
외로움도 견디어나겠소(우리) 357
우리안에 사랑을 351
우리모두 다함께 340
우리에게 향하신 346
우리함께 걸어요(우리 주안에 한 가족) 359
위로하여라 341
이 시간 이곳에(주 안에서) 337
주가 만드신 이 날을 347

주가 주신 이날은 348
주는 평화 349
주님께서 주시는 358
주님의 그 사랑이 360
주님의 사랑이(주님 사랑 온누리에) 352
주의 사랑으로 361
축복하소서 333
평안을 너에게 342
하나님께서는(하나되게 하소서) 362
형제의 모습 속에 353

특별찬양

나의 가장 낮은 마음(낮은자의 하나님) 363
나의 하나님 364

내 기뻐하는 자 365
마음이 가난한 자(마 5 : 3-10) 366
어찌하여야 367
여호와는 나의 반석 368
영광 가장 높은 곳에(영광 메들리) 369
예수 사랑하심은(널 사랑하심) 370
이 세상 어둠 속에서(어린양 되신 하나님) 371
저 하늘나라 아기별님(예수님의 사랑 알까요) 372
짙은 안개 가득하던(평안을) 373
하나님은 우리의 피난처시요(피난처) 374
하나님이시여(주는 나의) 375
하늘을 바라보라(주님의 솜씨) 376

·새·노·래·

새노래로 여호와께 노래하라

온땅이여 여호와께 노래할찌어다

여호와께 노래하여 그 이름을 송축하며

그 구원을 날마다 선파할찌어다

그 영광을 열방 중에, 그 기이한 행적을 만민 중에 선포할찌어다

시편 96편 1~3절

1
세상향한 발걸음들

· Graham kendrick
· 예수전도단 번역
♩=74

1.세상향 -한- 발걸음 -들- 불타는 사 -랑과 기
(이천년) -전- 빛난횃 -불- 점점커져 -이땅에
(예수님) -의- 능력으 -로- 진리와사 -랑안에

도 소망 넘친 새날 위 해 온땅위 에 찬양
도 그날 위 해 헌신 하는 우리
서 이세 상을 치료 하며 주의

이 2.이천년 속에 타오르 네 주의 횃불
사 랑 -전하 세

들 고 만방에나 - 가세 어둠 깨 친 영광의

날 우리하나 되어 찬양소리 높여 비추 세

— 비추 세 — 예수님

세 — 비추 세 — 비추

세 — 비추 세 — (비추)

2
거룩하고 순결한

· Author unknown
· 예수전도단 번역
♩ = 69
거룩하고 순결한 주의 이 - 름
주의이름 금보다더 귀하 - 네 -
송축하 - 라 - 주 이름 - 송축하 - 라
- 주 이름 - 송축하 라 - 주 이름 - 오
나 - 의 - - 하 나님 - (piano)

4
거룩하신 주임할 때

· Chris Bowater
· 두란노 번역
거 룩 하신 주 임 할 때 -
놀 라 운 사 랑 느 낄 때
빛 되신 주 님 의 영 광
- 경 배 합 니 다

3
거룩하신 주님

· Andy Park
· 두란노 번역
거 룩 하 신 주님 지 존 하신 분
하 늘 의 위 엄 으 로 다 스 리 네
존 귀 한 어 린양 죽 임 당하 사
만 왕의 왕 예수 만 주의 - 주
그 피로 우 리를 구 속 하셨 네
보 좌에 엎 드려 경 - 배하 네
주 이름 찬 양 크신 이스라엘의 전 능 - 자
주 이름 찬 양 주의 이 름권 세로
인 도하네 모 두이름 중 가장
높 으신이 름 승 리 의 왕께
경배드 리 세
하늘에 있는 자들과
땅에 있는 자들과 땅 아래
있는 자들로 모든 무릎을
예수의 이름에
꿇게 하시고
빌 (2:10)

5
거룩한 성전에 거하시며
· Walt Harrah
· 예수전도단 번역

1. 거 룩 한 성전에 거 하 시 며 하 승 우
2. 오 아 름다운 주의 영 ― 광 승 우
3. 거 룩 한 성전에 계 신 ― 주 우

늘 보 좌에 계 신 ― 주 네 주 죽
리 의 함성 들 리 ― 네서 주 죽
리 주 님 앞 에서 ― 서 이

가 빼 푸 신 모 든 사 랑 우 우주
임 당 하 신 어 린 양 께 우 우주
전 의 성 도 들 과 함 께

리 찬 양 을 주 님 께 오
리 큰 소 리 외 치 오
보 좌 앞 에 엎 드

며 찬 양 알 렐 루 야 알 렐 루 야
알 렐 루 ― 야 찬 양 알 렐 루 야
알 렐 루 야 알 렐 루 ― 야

6
거룩한 주하나님
· Danny Daniels
· 두란노 번역

거 룩 ― 한 주 하 나 님
사 랑 해 요 주 의 도 를
― ― 만 왕 의 왕 ―
― 주 이 름 을

거 룩 ― 한 주 의 이
사 랑 해 요 영 원 토
름 록 찬 양 하 리
록 선 포 하 리

거 룩 한 ― 주 는 예 ― 수
거 룩 한 ― 주 하 나 ― 님 ―
거 룩 한 ― 주 는 예 ― 수
거 룩 한 ― 주 하 나 님 ―

여호와는 광대하시니 우리 하나님의 성 거룩한
산에서 극진히 찬송하리로다

시 (48:1)

7
거룩한 하나님

· Chris Bowater
· 두란노 번역
거 룩 한 - 하 나 님 -
주 이름 - 송 축 하리 -
영원 - 하신 전 능 의 주 - 나
경 배 합 니 다
다 하 나 - 님

8
그 무엇보다

· Don Moen
· 두란노 번역
그 무 엇 보다 그 누 구 보다
주 님을 더욱 사 랑합니 다
세상 부 귀 와 내 생 명 보다
주 님을 더 욱 사 랑합니
다 그 무
주 의 사랑에서 우리를 - 끊을 수는 없으리
- 나 주의 얼굴 친히 뵙 는 날 -
주 님께 고백 하 리 그 무

9
나 기뻐하리

· Brent Chambers
· 예수전도단 번역
♩ = 138
나 기뻐하리 - 나 기뻐하리 -
나 기뻐하리 - 나 주 안 - 에서 - 기뻐하 — 리라 -
- 기뻐하 — 리라 - 1. 원 수가 나를 - 무너뜨 -리려고 - 내
2. 환 경 에 지배 - 를 받지 - 않 고 - 내
마음에 속 - 삭 - 였 - 네 내 영이 깨어 - 넘어 지지 않고 나의
팔의 힘과 - 목 - 소 - 리 느 끼는 감정 - 과 상 관 없이 - 내 마
믿음의 고 - 백이 원수를 - 묶 네 -
음 기뻐하 - 기로 결심을 - 했 네

하늘은 기뻐하고 땅은 즐거워하며
열방 중에서는 이르기를
여호와께서
통치하신다 할지로다
바다와 거기 충만한 것이 외치며
밭과 그 가운데 모든 것은
즐거워할찌로다

대상 (16:31-33)

10
나는 믿음으로

♩=100
·다드림 선교단 번역
나 - 는 믿음으 로 주 얼굴보 리니
- 아침에 깰 때 에 - 주형상 에 만족하 -리
나주님 닮 기 원 하 네 믿음으
로 주얼굴 보 리 라 - 나
라 - 믿음으 로 주얼굴 보 리 라 -

나는 의로운 중에
주의 얼굴을 보리니
깰 때에
주의 형상으로 만족하리이다

시 (17 : 15)

11
나를 단련하시는 주

·류주숙 곡
나를 단련 -하시는 주여호 -와여 나를 정금 -갈게하 -시네 ———나의
평생 -에주를의 지하 -리라 나의 여호 -와하 나 님 -
내가 앞에있어 도 주님이 아니계 시 - 고
내 가뒤에있어 도 주님은 보 이지않 으 나 -
왼편에서일하시 나 주 님 을만날수 -없 고 오른
편에 계시나 주 님을 볼수없지만 - - 나의
가는길을 그가아시고 - 오직 주님만이 - 도우시나니 - 주가
나를단련 -함 -으로 - 정금 갈게 하셨 네 나의
네

12
너 시온아

· Robert Gay
· 두란노 번역
Em Em/D# Em/G E/G# Am   Em
너 시 온 아 주를 찬양 하여라 - 너의 입술로 하 나님
F#m B   Em Em/D# Em/G E/G# Am   Em
찬 양해 찬 양 하 라 주의 깃 발 혼 들며 - 영원
Am7   Bm7   Em   D/F# G
히 주를찬 - 양 해 우 리 는 주 - 님의
D/F#   D   F#m7   B7   Em D/F# Em/G E/G#
택 한 백 - 성 - 하 나 님 - 의 - 제 사 장
Am   Em   C   D
만 왕 의 - 왕께 찬 양 하 - 라영 원 하신하 나
Em   Am7   Bm7   Em
님 영 - 원 하신하 나 님

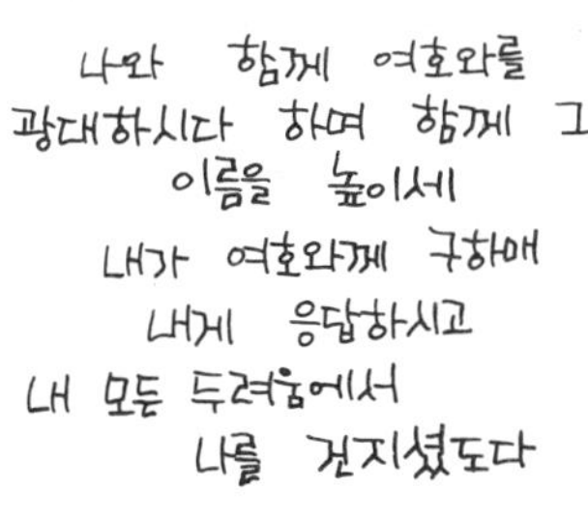

나와 함께 여호와를
광대하시다 하며 함께 그
이름을 높이세
내가 여호와께 구하매
내게 응답하시고
내 모든 두려움에서
나를 건지셨도다
시 (34 : 3, 4)

13
모두다 나아와

· Graham kendrick
· 두란노 번역
· Worshipfully
C   G/B   Bb6   Asus4 A
1. 모두 다 나아와 사랑 의 왕을 보라 가시
2. 너희 의 허물이 주예 수를찔렀네 못보
3. 우리 의 영혼을 구원 하려오신주 그앞
Dm A/C# F G Am Bb(add2)/F F/G G   C   G/B
면류관쓰신주를 보 라 멸시 와 조롱의 십자
다더깊은아픔주었 네 교만 과 탐심과 우리
에엎드려경배드리 네 주님 의 눈물이 우리
Bb6   Asus4 A   Dm A/C# F G Am Bb(add2)/F F/G G
가를지시고 골고 다언 덕길 올라가시 네 주
모든 연약함 주가 대신 하여 징계당했 네
기쁨 되시고 주의 죽음 우리 생명샘 되 리
Am   Em/G   Fmaj7   C/E   Dm   A/E   Dm/F
경배합니다 그 발에엎드려 죄악 된세상을 주가씻었
Gsus4 G   Am   Em/G   Fmaj7   C/E
네 우 리죄워하여 기 도하신주님 아
Dm   A/E   D/F# Gsus4 G   G#dim7 Am
버 지 저들용서하소 서 주 경 배 주
G/E   A/E   Dm7 Fm6/Ab G7   C
경 - 배 귀 한 어 린 양

14
머리들라 문들아

· Graham kendrick
· 두란노 번역

1. 머리들 라 문들 아 너희영
2. 죽음에 서 사셨네 모든권

원 — 한문들 아 머리들 아 영광
세 — 이기셨 네 죽음에 네 하늘

의 왕들어 가 시네— 영광의 왕들어
높 이주임 하 시네— 너희 문을넓게

가 시네— 영광 의 왕들어 가 시네— 영광
열 어라— 하늘 높 이주임 하 시네— 너희

의 왕들어 가 시네 —
문을넓게 열 어라 —

15
사랑합니다 Ⅱ

· Eddie Espinosa
· 두란노 번역

사랑 합니다 — 나의기도

들 으사 — 주님 만 이상한 맘고치시—

네 사랑 합니다 — 진심

으 —로 주님 내맘깊이 만 지셨

네 사랑 네 —

16
승리관 쓰신 주님

· John Sellers
· 예수전도단 번역

승 리관쓰 신주님—의 로 만물다 스리네—

승 리관쓰 신주님—모 든 만물불 드시네—

권 능—과 영 광으로 통 —치 하 시네

온 땅—과 하늘 의 주 —되시—네

만 유 의 주 님 —

만 유 의 주 님 —

만세의 왕
곧 썩지 아니하고
보이지 아니하고 홀로
하나이신 하나님께
존귀와 영광이 세세토록
있을지어다 아멘

딤전 (1:17)

17
여호와 춤추리
♩=124
·예수전도단 번역
여호와춤추리 (여호와춤추리) 기쁨의그날에 - (그날
에) 나를기뻐하시며 나를 새롭게 해주시네
네 모두 다 기뻐 함께 외 - 치 -
며 전심 으로 기뻐 크게 찬 - 양 하
세 우리 안에 계 신주여호와께 -
- 여호와춤추리 네 두려 움 전혀없으 리 두려
움 전혀없으 리 힘차 게 주를 찬양 해 우리
안에 계 신 주 여호와께 -

18
영광영광 어린양 예수
♩=46
·Larry Dempsey
·예수전도단 번역
영 - 광 영 - 광 어 린 양 예 수
영 - 광 영 - 광 어 린 양 예 수 - 그는좃
귀 와영광 받으 시기에합 당하신 어 린 - 양 - 소
리 높여 주 님을 찬양 해 보 좌위어 린 양

하나님은 그 권능으로 큰 일을
행하시나니 누가 그같이 교훈을
베풀겠느냐 너는 하나님의 하신 일
찬송하기를 잊지
말찌니라. 인생이 그 일을
노래하였느니라
하나님은 크시니 우리가
그를 알 수 없고
그 년수를 계산할 수 없느니라

욥 (36 : 22, 24, 26)

19
예수는 나의 영광

20
오직예수

· 작사·곡 정종원
· Robert Gay
· 두란노 번역

예수는－나의영 －광－ 또 예수는－나의 소 망 내
안에 계신주－ 닮기원하네－ 주님 닮기를－원하네－
예수는－ 나의 전 －부－ 예수는－나의 보 배 내
안에오셔서－ 생명되셨네－ 언 제나－ 새힘을주시네－
예수－
나의모든능 －－력－
나의귀한보 －－배－
예 수－
나의모든기 －쁨－
나의귀한생 －명－ 예수－
나의모든소 －망－예－
내게있는전－부－
수 －－－－ 예－수－ 수 －－나의 주

오직예 수 다른이름은 없네 주이름
만 우리에게 주셨 네 오직예 수 다른 이 름
없 －네오 영 －광과존귀권 세 －－와찬양 받
으 －실분오직주예 수 오직예 수 온
땅위에홀 －로 높으신 －이름 －하늘 위높이들 －리셨
－네 － 온 땅위에홀 －로 높으신 －이름 － 영
광과 존귀와 － 찬양 드리세 오직예

또 여러 형제가
어린양의 피와 자기의
증거하는 말을 인하여 저를
이기었으니 그들은
죽기까지
자기 생명을
아끼지 아니하도다

계 (12 : 11)

21

온맘다해 주 사랑하라

· Jimmy
and Carol Owens
· 두란노 번역

온 맘다해주 - 사랑-하 - 라 -

생명다 해주 - 사랑-하 - 라 -

뜻을 다하여 - 사랑-하라 - - 온맘다

해 생명다 해 주사 랑해 - -

해 사랑 해 - 요 존귀 하신주

- 사랑 해 - 요 큰 일행 하 셨네

- 사랑 해 - 요 더욱 사 랑해

- 온맘다해 생명다 해 주사랑 해 -

22

왕의왕 주의주

· Jessy Dixon/Randy Scruggs
John W. Thompson
· 두란노 번역

1. 왕 의왕 - 주 의주 - 하늘과땅 - 과
2. 의 로우신 하 나님 - 거룩한주 - 의

모 든 것지으신 주 - - 영광돌리
이 름 높혀찬양 하 - 며 - 영광돌리

- - - 네 주 여호 와 하 나님 -
- - - 네 주 하나 님 통 치자 -

귀하신 평강의왕 - 전능의 주
주님의 크심위엄 - 선포 하 며

- 영광돌리 - - 네

주 - 께 영광 - 주 - 께 영광 -

주 - 께영광 - 전 능하 신 - 주께

영 - 광 -

기약이 이르면 하나님이 그의 나타나심을 보이시리니
하나님은 복되시고 홀로 하나이신 능하신 자이며
만왕의 왕이시며 만주의 주시요
딤전 (6:15)

23
왕의 지성소에 들어가

· Daniel Gardner
· 예수전도단 번역

왕 의 지성소에 들어가 보 좌 앞에엎드려
경 배해 왕 의 지성소에 들어가 주의
영 광뵈오 - 리 오 거 룩하신주님 앞에서 주
이 름높이 리 왕 의 지성소에
들 어가 영화 롭 게변 하 리

24
우리 함께 기뻐해

· Gerrit Hansen
· 예수전도단 번역

우리함께-기뻐 - 해 주께영광-돌리 -
세 어린 양의혼 - 인 잔 - 치와 - 신부
가 준비 - 되었 네 - 할렐루야 전능
하신 주 가다 스 리 네 할렐루야 전능
하신 주 가다 스 리 - 네

25
이날은 주가 지으신 날

· Rick Shelton
· 예수전도단 번역

이날은주 - 가지으 -신날- 기뻐하고 -즐거워
-하세 오 이날은주 - 가지으 -신 날-
기뻐하고 -즐거워 -하세 주 를 - 기뻐하
라 - 주 를 - 기뻐하
라 - 우 리모-두 주 -님 앞에서 기
뻐 하며-주 를 -찬 양- 존 귀하-신 우
-리 주님을 기 뻐 하며-찬 양 -하세 -주
라 - 주 를

내가 노래로 하나님의
이름을 찬송하며 감사함으로
하나님을 광대하시다
하리니 이것이 소 곧 뿔과 굽이
있는 황소를 드림보다 여호와를
더욱 기쁘시게 함이
될것이라

시 (69 : 30. 31)

26
존귀한 주의 이름

27
주 날 위하시면

· Carl Tuttle
· 두란노 번역
· Majestically
G D/F# Em Am/C Am
1. 존 귀 한 주 의 이 름 - 나 찬 양 드 리
성 령 내 게 임 할 때 - 갈 급 함 채 우
올 무 벗 게 하 신 주 - 참 자 유 주 셨
D D7 G D/F# Em
네 주 는 빛 난 영 광 의 왕 - 창
네 자 비 하 신 보 좌 앞 에 - 두
네 소 리 높 여 주 찬 양 하 리 - 영
Am/C Am C/D D C/D D Gsus4 G
조 주 하 나 님 - 경 배 합 니 다
손 을 둡 니 다 -
원 히 찬 양 해
G/F# Am/E Em Em/D C C/B
- 내 삶 을 드 리 며 - 주 께
Am7 D C/D D Gsus4 G
- 무 릎 꿇 고 - 경 배 합 니 다
G/F# Am/E Em Em/D C C/B Am7
- 내 삶 을 드 리 며 - 주 께 - 무 릎 꿇
1.2. D C/D D C/D D 3. D C/D D G
고 - 2. 주 의
고 - 3. 모 든 고 -

· Steve Markel and
Martin Nystron
· 예수전도단 번역
♩=120
C G/F F F/G G F/G G F/G F/C C
주 날 위 하 시 면 누 가 대 적 하 리 요
C/E G/F F G F/G G F/G C
그 리 스 도 안 에 서 - 늘 승 리 주 - 시 네 -
Bb/C C G/F F E7sus E7/G# A2sus Am
주 의 능 력 으 로 우 리 승 리 하 리 라
Am/G Am/F G/F Am/F G/F Am/F F# Em7
우 린 모 두 승 - 리 자 - 주 우 리
F/D G/D F/D G/D F/D C2/E
에 게 승 - 리 를 - 약 속
F2 F/G G7 F/G G C
하 셨 네 - 우 린 승 리 하 리 -

항상 우리를 그리스도 안에서 이기게
하시고 우리로 말미암아 각처에서 그리스도를 아는 냄새를
나타내시는 하나님께 감사하노라
고후 (2:14)

28
주는 나의 피난처

· Randy N. Wright
· 예수전도단 번역

주는 나의 피난 처 나 의 구원-나
의 힘 평 강의— 왕 모
든 나라-주되-신 주 님 의
능 력은 끝 이-없-네 할렐
루——야 할렐 루——야 할렐
루——야 송 축 해—

29
주님 내아버지

· Stephen Hah
· 두란노 번역

주님-내아버지--사 랑하며-감 사하리 오
맘다해-주 섬기리 나 를-받으소 서
주님-내아 버지-주께 가오니-임 하소서 온
맘다해-주 섬기리 내-생명다 해

30
주님을 무엇보다 더

· Joseph Garlington
· 예수전도단 번역

주 님 을 무 엇보-다더-사
양 해 거룩하-신주-찬
랑 해 누구보-다더-사 랑 해
양 해 거룩하-신주-찬 양 해
나의삶을드리 네 찬
네— 나의삶을드리 네

31
주의 위엄 전하리

· Maloon du Plessis
· 다드림 선교단 번역

주의 위엄 전하 리 -주의 높으신
이름 선포 하리 -영광 중 에 동치하며 승 리
하신 주능 력 온 땅에나타 났 -네외-치 리
-주의전 능 함 -높-이 리 -거룩한
이 름 -노래하 리 -그 존귀와 영 광
-주보좌 앞 에우 리 경배하 네 —

32
주의 아름다움은

33
주의 이름 송축하리

· Mark Altrogge
· 예수전도단 번역
♩=176

주의 아름다-움은 말로 다 형
언할수-없고-주님의그놀라우심
-은-다 표현할수가없네-누가
그 지혜를깨-닫-고 누가
깊은 사랑 측량할 까-보좌
에앉으-신주의위엄 아름다우신-주님
-내가주를-경외 함으로 주님 앞에-홀로
섭니다-찬양 받으시 기 합당한거
룩하신주 님

· Clinton Utterbach
· 두란노 번역
♩=120

1. 주의이름 송축하리 - 주의이름 송축하리
2. 거룩하신주의이름 - 거룩하신 주의이름
지존하신주의 이름 - 찬-양
거룩하신주의 이름
- 찬-양-
주님의이름 - 은- 강한성-루-
그곳에달려-간-자 안전-하리
- 주님의이름 - 은-
강한성-루- 그곳에달려-간-자
안전-하리 -
D.C al Fine
3. 영광스런 주의 이름 - 영광스런 주의 이름 -
영광스런 주의 이름 -
Fine

34
주의 이름은 강하고 견고한 망대

· Unknown
· 예수전도단 번역

주 의 이름 은 강하 고 견고한 망대 주
의 이름 은 내영 혼의 안식 처 주
의 이름 은 의지 할수 있는 기둥 의
인 은 달 려 가리 주 이름 안 으로 - 의
인 은 달 려 가서 안 정 하 리

36
찬양의 제사 드리며

· Kirk Dearman
· 예수전도단 번역

찬 양의 제사드리 며 - 성소로 들어 갑니 다
찬 양의 제사드리 며 - 성소로 들어 갑니
다 우리 모 두주님 께 - 감사의
제 사를 드 리세 우리 모 두주님
께 - 기쁨의 제 사 드 리 네

35
주의 인자하심이 Ⅱ

· 시 63
· 정지홍 곡

주 의 인자하심이 - 생명보다 나으므 로 -
나 의 입 술이 - 주를 찬양하 리
이 러므로 내 평 생에 주를 송축하 며 --
주 의이름으로 인하 여 내손 들리이 다

여호와의 인자하심과 인생에게
행하신 기이한 일을 인하여
그를 찬송할찌로다
감사제를 드리며 노래하여
그 행사를
선포할찌로다

시 (107 : 21, 22)

37
찬양해 주님의 종들아

38
할렐루야 주가 다스리네

· Jeff Hamlin
· 예수전도단 번역
♩ = 138
찬양해 — 주 님 의 종 - 들 - 아
- 무 롤대 - 소 하고 - 주님
을 경외 하 는 자 - 들 아 - 찬 양해
- 주 님 의 종 - 들 - 아 -
무 롤대 - 소 하고 - 주님 을 경외
하 는 자 - 들 아 - 찬 양해 -
할 렐루 야 구 원 과 - 영 - 광
죽 귀와 능 력주 하 나 - 님 께 — 할 렐루
야 구 원 과 - 영 - 광 죽 귀와 능 력주
하 나 - 님 께 찬 양해

· Author Unknown
· 예수전도단 번역
♩ = 84
할렐 루 야 주가 다스리 네 할렐
루 야 주가 다스리 네 주 는 위대하 시고
큰 일 하셨네 할렐 루 야 주님이 다스리
네 할렐 네 주 네

여호와께서 통치하시니
만민이 떨 것이요 여호와께서
그룹 사이에 좌정하시니
땅이 요동할 것이로다
주의 크고 두려운 이름을
찬송할지어다
그는 거룩하시도다

시 (99:1,3)

· 경 · 배 · 와 · 찬 · 양 ·

이 백성은 내가 나를 위하여 지었나니

나의 찬송을 부르게 하려 함이니라

이사야 43장 21절

39
사랑하는 나의 아버지

· Bob Fitts
· 예수전도단 번역
♩ = 72
사랑하는 나의 아 버지 — 이 름높여드립 니
다 주의 나라 찬양속에 — 임하 시니 — 능력
의 주께찬송하 네 전능하 — 신 하 나 님
찬 — 양 언 제나동일하 신 주 — 전능하 — 신
하 나 님 찬 — 양 영 원히다스리 네
나주의이름높이 리 나주의이름높 — 이
리 — 하늘높이 올린 깃 — 발 — 처럼 —
주의 이름높 — 이 리 전능하 — 신

40
내 입술로

· 작사·곡 정종원
내입술로 - 하나님의 - 이름을 - 찬송하며 -
황소를드림보 - 다 진정한노래를 기쁘게받 - 아주시는 - 주님 -
내맘으로 - 하나님을 - 즐겁게 - 찬양하네 -
찬송을부르며 - 영원히섬기리 주 님께영 - 광돌리 - 리 -
할렐루 - 야 - 할렐루 - 야 - 할렐루 - 할렐루야 -
할렐루 - 야 - 할렐루 - 야 - 할렐루 - 할렐루야 -

41
예배드림이 기쁨 됩니다

· Martin Nystrom
· 예수전도단 번역
· 조금 느리게
주께 와 엎드려 경배 드립 니다 주께
신 곳엔 기쁨가 득 - 무엇
과도 - 누구 와도 - 바꿀 수 없 네 예배
드림 이 기쁨됩니다 -

42
주께 경배해

· 시 29 : 2
· 조금 느리게
· 두란노 번역
주의 거룩하심생각 할때 - 주의 크신사랑느 낄
때 주의 영광의빛 나의 생활 비춰주실 때
- 주가 주신기쁨맛볼때 에 - 주의 사랑속에나잠길
때 주의 영광의 빛 나의 생활 비춰주 실 때
- 경배하 리 - 경배하 리
- 나 사는동안 - 주께 경배 해 -
- 경배하 리 - 경배하 리
- 나 사는동안 - 주께 경배 해 -

여호와의 이름에 합당한
영광을 돌리며 거룩한 옷을 입고
여호와께 경배할찌어다
시편 (29 : 2)

43
시편 40편

하나님의음성을 듣고 자기도하 면 거-
주를의지하-고 교만 하지않-으-면 거짓
를 기울이고나 의기도를 들어주신다- 네
에 치우치지아 니하-면 복이있으리- 라
깊은웅덩이- 와 수렁에서펄어주시 고 나의
여 호와나의주 는 크신권능의-구주 라 주의
발을반석위에 세우시사나 를튼튼히하셨 네- 새
크 신권능으로우 리들을사 랑하여-주시네- 새
노래로-부르 자랄랄라하나 님께올릴찬송 을 새
노래로-부르-자 하나-님-사랑을

44
찬양을 드리며

· 경배하는 맘으로
· Richard Oddie
· 예수전도단 번역
찬양을 드리며 주앞에 옵니다
내삶을 드리네 두손들 어
주경배드릴때 주님을 느끼네
내눈보게 하소서 주님얼굴-

45
오 하나님 받으소서

· 예수전도단 번역
오- 하나님받으소 서 왕께드리는제사- 를
소리높여 주님을 -찬양 해 - 홀로
하나이신 하나 님 자녀된우리경배하 고
나의몸과 찬양을 -드리 네 - 할렐
루-야 -할렐 루-야 -
입술의열매 를드리오 니 -오-
하나님받으소 서 왕께드리는제사 -를
소리높여 주님을 -찬양 해 -

내가 여호와를
기다리고 기다렸더니
귀를 기울이사 나의 부르짖음을
들으셨도다. 나를 기가 막힐 웅덩이와
수렁에서 끌어 올리시고 내 발을
반석 위에 두사 내 걸음을
견고케 하셨도다.
시 (40:1-2)

46
예수 사랑해요

· Jude Del Hierro
· 두란노 번역
♩=82
C   F   Dm7   G   F/C   C
예 - 수 사 랑 해요 나 주 앞 에 엎 드 려
F   Dm7   G   C   G/B
경 - 배 와 찬 - 양 왕께 드 리 네
Am   Dm7   F   G   C
알 - 렐 루 - 야 알 렐 루 - 야
Am   Dm7   F   G   C
알 - 렐 루 - 야 알 렐 - 루

47
주는 알파와 오메가

· 계 22 : 13
· 예수전도단 번역
G7   Cmaj7   A7   Dm7
주 는 알 파 와 오 메 가 처음 과 나 중 이
G7   Dm7   G9
라 나의 앞 뒤 에 계 시 며 영
C   Cmaj7   C7   F   Dm7
원 한 친구 무 엇을 하 든 지 어
Em7   A7   Dm7   G7   C
디를 가 든 지 생 명 과 목 표는 주 예 수

48
눈을 들어 주를 보라

· Chris A. Bowater
· 두란노 번역
♩=82
C   G   Am   F
눈을 들 - 어 주를 보 - 라 주의 영 광을 보
C   G7   C   G
라 눈을 들 - 어 주를 보 - 라 주의
Am   F   Am   F   G7/F
영 광을 보 라 주는빛 - 거룩과 - 진
Em7   Am7   F   G   C
리 능력의 - 주의 영 광나타나셨네 - 선포 - 하
F   G/F   Em7   Am7   Dm   G
라선하 - 신 주 주의 인 자는 영원함
C   F   G   Em7   Am7
이 - 라 선포 - 하 라 선하 - 신 주 주의
Dm   G7   1.C   G   2.C   F   C
인자는 영원함 이 - 라 눈을 이 - 라 —

나는 알파와 오메가요
처음과 나중이요 시작과 끝이라
계 (22 : 13)

49
그이름 높도다

• 예수전도단 번역
그 이름 높 도다 - 세상 누 구 보다
그 이름 기 묘자 - 그 이름 모 - 사
- 그 이름 예 - 수 - 오 나의 주
- 평강의 왕이여 - 전능의 주
- 그이름 높 도다 - 세상 누 구 보다
- 그이름 예 - 수 - 오 나의 주 -

50
언제나 내모습

• 임미정 사, 이정림 곡
언제나 - 내모습 - 너무나 - 부끄러워 -
무릎으 - 로주님께 - 기도로 - 가오니 -
나홀로 - 서있는 - 죽은 내영깨우 사
주님만 나 를깨워 내 영 살게 하소서 -
주님 내안에 - 주님 내안에 - 내 안에 계 시고 -
주님 내안에 - 주님 내안에 - 나를세워주소서 -

51
거룩거룩 만군의 주여

• 예수전도단 번역
거룩 거 - 룩 거 - 룩 만군의 주 - 여
존 귀 하 - 신 예 - 수 하 나님 어린 양
거룩 거룩 거 - 룩 만 군의 주 여 - 그
존 귀 하 - 신 예 - 수 하나님 어린 양 - 오
영 광이 온 땅에 충 만 그 영 광이 온 땅에 충 만 그
세 상죄를 구 속하 셨 네 온 세 상죄를 구 속하 셨 네 온
영 광이 온 땅에 충 만 거 룩 하 신 주
세 상죄를 구 속하 셨 네 어 린 양 예 수

여호와는 생존하시니
나의 바위를 찬송하며
내 구원의
바위이신 하나님을
높일찌로다

삼하 (22:47)

52
거룩하신 주님

· Andy Park
· 두란노 번역

거룩하신 주님 지존하신 분
하늘의 위엄 으로 다스리네
존귀한 어린양 죽임당하사
만왕의 왕 예수 만 주의 - 주
그 피로 우리를 구속하셨 네
보 좌에 엎드려 경 - 배하 네
주 이름 찬양 크신 이스라엘의 전능-자
주 이름 찬양 주의 이름 권 세로
인 도하네 모두이름 중 가장
높 으신이름 승리 의 왕께
경배드리 세

53
어린양 예수

계 5:12
· 예수전도단 번역

어린양예수 받으소서 능력과 부귀 또
지혜와힘과 존 - 귀 축복과존귀와영 - 광찬 -
양을 영원히 어린-양 예수
능-력 부귀 지 -혜와 힘 - 과 -
능력 부귀 지혜 와 힘 과 -
축복과 존귀 찬양 을 영원무궁
히 존귀 어린 - 양 예수

죽임을 당하신 어린양이
능력과 부와 지혜와 힘과
존귀와 영광과 찬송을 받으시기에
합당하도다

계 (5 : 12)

54

내 영혼아 여호와를

· Pete Sanchez, Jr.
· 두란노 번역
♩.=65

내 영혼 아 - 여호와 를 - 송축하 라 - 내영혼
아 거룩하신 - 주-이름 찬양 내맘과
정 성다해주-찬양 해   송축하라
송축하 라 - 내영
내 영혼아 송축하라 내 - 영혼아
혼 아 - 송축하 라 - 내 -영혼아 - 송축하
송축하 라   영혼아 송축하
라 - 내 - 영 혼 아 - 송축하
라 내영혼아 송축하 라 내영혼아 내맘과
정 성다 해찬 양 해 -

55

항상 진실케

· Eddie Espinosa
· 중대 기독학생회 번역
· 보통으로

항상진실 케 -   내 맘바꾸 사 -
하나님닮 게 -   하여주소 서   Fine
주 는토 기 장이   나는 진흙 -
날 빛으 소 -서 기도 하오 니   D.C. al Fine

56

주님의 시간에

주 님 의 - 시간 에 -
기 다 려 - 그때 를 -
그 의 뜻 이뤄지 리 기다 려 -
그 의 뜻 이뤄지 리 기다 려 -
하 루 하루살동 안 주님 인도하시 리
주 의 뜻 이뤄질 때 우리 들의모든 것
주 뜻 이룰때까 지 기다 려
아름 답게변하 리 기다 려

57
목마른 사슴

·시 42:1-2
·부드럽게
·Martin Nystron
·두란노 번역

1. 목 마른 사슴 시 냇 물을 찾아 헤 매이 듯 이
2. 금 보다커한 나의 주님 내게 만 족주 신 주
내 영혼 주를 찾기에-갈급 하 - 나 이 다
당신만이 - 나의 기쁨또한 나 의 참 보 배
주님만이 - 나의 힘 나 의 방패 나의 참 소 망
나의 몸 정성 다 바쳐서 주님 경 배합 니 다

58
하나님 오른편에

·♩=60
·Mark Altrogge
·두란노 번역

하나 님 오른편 - 에 - 앉아계 - 신 - 영광의
주 하나 님 오른편 - 에 - 앉 아계
- 신 - 영광의 주 왕의 왕 주 의주
- 의와 진리 신실하 신 주 나 의주
- 님 - 나의생 - 명 - 영원 히 섬기 리

59
주의 신을 내가 떠나

주 의신을 내가 떠 나 어디로피 - 하리
까 주 는모든 - 것아 시 오 - 니
어디로다 - 니리 까 내가 새 벽날 개 -
치며 - 저 바다 끝에 - 거해 도
어둠도숨 - 기 지 못하리라 - 주님의손 - 이날
인 도해 주 님은내 - 모든것 - 을 -
지으신분 - 이시 니 주님의위 - 대하심
- 을 - 내가고백 - 하리 라

하나님이여 사슴이 시냇물을
찾기에 갈급함같이 내 영혼이
주를 찾기에 갈급하나이다
내 영혼이 하나님 곧 생존하시는
하나님을 갈망하나니 내가
어느 때에 나아가서 하나님
앞에 뵈올꼬

시 (42:1,2)

60
능력의 이름 예수

· Claire cloninger
/Morris chapman
· 주찬양 선교단 번역
♩=72
능력의이 - 름 예 - 수 권능의이름 예 - - 수 -
치유의이 - 름 예 - 수 용서의이름 예 - - 수 -
거룩한이 - 름 예 - 수 빛을주는 - 예 - - 수 -
모든강력 - 을 파 하늘예 - 수 - 생명되신 - 예 수 -
자유주시 - 는 그 이름예 - 수 -
모든이름 - 위에 뛰어난예 - 수 -

62
보좌에 계신 이와

· 계 5:13
· 예수전도단 조성환
보 좌에 계 신이 와 어린양 께
찬 송과 존 귀와 영광과 능력을 세
세 토 록 돌릴찌어 다

61
모두다 나아와

· Graham kendrick
· 두란노 번역
· Worshipfully
1. 모두 다 나아와 사랑 의 왕을 보라 가시
2. 너희 의 허물이 주예 수를 찔렀네 못보
3. 우리 의 영혼을 구원 하러 오신주 그앞
면류관쓰신주를 보 라 멸시 와 조롱의 십자
다 더깊은 아픔주었 네 교만 과 탐심과 우리
에 엎드려 경배드리 네 주님 의 눈물이 우리
가를지시고 골고 다언 덕길 올라가 시 네 주
모든 연약함 주가 대신 하여 징계당 했 네
기쁨 되시고 주의 죽음우리 생명샘 되 리
경배합니다 그 발에엎드려 죄악 된세상을 주가씻었
네 우 리죄위하여 기 도하신주님 아
버 지 저들용서하소 서 주 경배주
경 - 배 귀 한 어린 양

보좌에 앉으신 이와
어린양에게 찬송과 존귀와
영광과 능력을 세세토록 돌릴찌어다
계 (5:13)

63
주님의 성령 지금 이곳에

· 송정미 사, 최덕신 곡

주님의성 - 령 지금 이 곳 에 임 -
하 소 서 임하소 서
주님의성 - 령 지금 이 곳 에 임 -
하 소 서 임하소 서
알렐루 야 알 - 렐 루 야
알 렐 - 루 - 야 알렐루 야

64
승리관을 쓰신 주님

· 힘있고 장엄하게
· Unknown
· 예수전도단 번역

승리 관 을쓰 신주님 죄와 사 망권세이겼 네
그이름 높이들려 다 - 스리시 네 주의
이름을 들을 때 악한 영 들두려워떠 네
교회인 우리들 그 승 - 리누리 네 그 -
영광의이름 그 찬란한이름 아무것도 비교 할수없으리예수
그리스도 우리 주 하나 님 - 그 - 님! -

사랑하는 자들아 우리가 서로 사랑하자 사랑은 하나님께
속한 것이니 사랑하는 자마다 하나님께로 나서
하나님을 알고 사랑하지 아니하는 자는 하나님을 알지
못하나니 이는 하나님은 사랑이심이라
요일 (4 : 7. 8)

65
사랑스런 주의 손길

·작사·곡 최인혁
Cmaj7 Em7 Am7 A7
사랑스런그 주의손길을 우리같이 - 느껴봐요 영원
부드러운그 주의마음을 우리같이 - 느껴봐요 주의
1. Dm7 G7 C
하신 - 주의 크신 그 사 랑 -
2. Dm7 G7 C
영원하신 놀 라운 그 사 랑 - 우리
E Am Am7 F#7-5
는 - 어 리 석 - 은 - 생각때문에 - 영원
Fmaj7 Dm7 G G7
한 - 그 사 랑을 알수없 네 - - 참사
C E7 Am Am7 F#7-5
랑 이 야 주 - 의그 영 원하 신 그이
Fmaj7 Dm7 G7 C
름 - 그 생 명전 하 리 -

오직 주는 여호와시라
하늘과 하늘들의 하늘과 일월
성신과 땅과 땅위의
만물과 바다와 그 가운데 모든
것을 지으시고 다 보존하시오니
모든 천군이
주께 경배하나이다

느 (9:6)

66
주께 감사하세

·역대상 16:34 ·예수전도단 번역
G7 C Am G Am Em
주 께 감 사하 세 그는 선 하시 며 인자
F Em Dm Bb Gsus G7
하 심 이영원함 이 라 주께
C Am G Am Em
감 사하 세 그는 선 하시 며 인자
F Em Dm F/G G7 F C
하 심 이영원함 이 라

67
내 이름으로

·역대하 7:14 ·예수전도단 번역
C Em Dm7 G7
내 이름 으로 - 일컫 는 내 백성 이 겸
F C Am Dm7 G7
비 하여 기 도하 며 - 내
Am Em Dm7 G7 C
얼굴 구 하며 그 악 한길떠 나 면
C Em Am D9
하 늘에서 내가 듣 고 용서하 며 -땅을고칠 지라
Fm/Ab C/G Dm7 G7 C
내 백 성 이 - 겸비 해 - 기 도하 면

68
나를 단련하시는 주

·류주숙 곡
나를 단련-하시는 주여호-와여 나를 정금-같게하-시네 ——— 나의
평생-에주를의 지하-리라 나의여호-와하나 님 -
내가 앞에있어 도 주님이 아니계 시 - 고
내 가뒤에있어 도 주님은 보 이지않으 나 -
왼편에서일하시 나 주 님을 만날수-없 고 오른
편에 계시나 주 님을 볼수없지만 - - 나의
가는길을 그가아시고- 오직 주님만이- 도우시나니- 주가
나를단련-함 - 으로 - 정금 같게 하셨 네 나의
네

69
내가 사는 것

내가- 사-는 것 주의- 은-혜 라
나의- 날-들 은 감사-뿐-이 라
내가- 사-는 것 그분- 때문이 라.
나의- 자-랑 은 예 수 뿐-이 라 우리
가 살아도주를 위해 살고- 죽어도 주위해 죽나 니 그러
므로사-나죽으 나우리가 주- 의 것 이로 다 Fine
D.S

우리 중에 누구든지
자기를 위하여 사는 자가 없고
자기를 위하여 죽는 자도
없도다. 우리가 살아도 주를 위하여
살고 죽어도 주를 위하여 죽나니
그러므로 사나 죽으나 우리가
주의 것이로라

롬(14:7.8)

70
나 이제 자유하네

주가 나의죄를 - 바다 깊은곳에 - 던져넣어 - 주셨네
- 동 이서에서 - 먼 것 - 처럼 나의
죄를 옮겨 - 주셨네 - 이제 주의은혜 - 를 나 - 외치리 -
자유안에 - 살 리 - 주의 사랑의빛 - 아 래
- 서 사네 - 나이제 - 자유 - 하 - 네 -

71
먼저 그나라와

· 마 6:33
· 마 4:4
· 예수전도단 번역

1. 먼저그 나라와 의를 구하라 그 나라와그의 를
2. 사람이떡으로만 살것 아니요 하나님 말씀으 로
그 리하면이 - 모 - 든 것을 너희에게더하시 리 라
할 렐 루 야 할 렐 루 야
할 렐 루 야 할 렐 루 야

72
우리의 만남은

· 작사, 곡 윤건선

우 리의 만남 은 주 님의은혜라 오
우 리의 모든 것 주 여인도하소 서
우 리의 모임 은 주 님의 축복이라 오
우 리의 모든 것 주 님께 바치옵니 다
우리는 하 나님영광 위 해 지 음받 았으 니
오나의 하 나님아버 지 여 당 신의 뜻대 로
우리를 하 나님 나라 위 해 충 성되게하소 서
오나의 하 나님아버 지 여 따 라살게하소 서
오 주 여 나의 소 명 항 상인도하소 서
오 주 여우리 소 명 항 상인도하소 서

73
온 세상의 왕이 되신

·작사·곡 정지홍
온 세상의 왕 - 이 되신 주님 날 사랑하 - 시 네 -
백성이경 - 배 - 하며 찬 양 마음을 다하여 서 -
이땅에 평화 내려시고 만물을 다스리 - 네 - 만
만물이 다 찬양하네 기쁨의 춤을 추 - 며 -
해와달알 - 렐 - 루 - 야 - 산과들 알 - 렐 - 루 - 야 -
온 세상알 - 렐 - 루 - 야 - 찬양 알렐루 - 야 -

75
온 땅과 만민들아

·사 55:12, 히 4:12, 사 61:1-2
시 97:1, 시 96:10-13, 시 97:1
시 96:1-3, 10
·Graham Kendrick
·두란노 번역
1. 온땅과 만민들 아 - 주님 음성들 고 - 모 두 기뻐하 라
2. 땅들아 기뻐하 라 - 죄인 구하시 려 - 주 님 오신다 네
3. 모두다 소리높 여 - 주님 찬 - 양 해 - 힘 있 게 찬양 해
산들과나무들 도 - 즐겁 게 춤추 며 - 함께 손뼉쳐 라
십 자 가 구원으 로 - 우린 물리쳤 네 - 어둠의 세력 을
외치세 온세상 에 - 열방과만민 을 - 주가 통치하 네
사랑과정의를 주시는 주 - 영 원한그의 - 나 라
좌우에날이선 검과같 은 진리의 그분 말 씀
- 승 리 해 -

74
그리스도의 제자

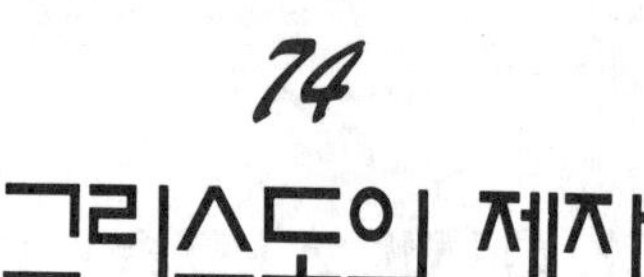

·정은용 작사
·박근서 작곡
우 리는 - 예수님 따 - 르는 사 람 들
나의 - 마음이 너의 - 마음으 로 - 우
리는 - 예수님 따 - 르는 사 람 들
나의 - 온뜻이 너의 - 큰뜻으 로 -
주 님 - 을 따 르 고 하 나 - 님
찬 양 해 이 것 - 이 제 자 - 된
길 이 - 요 행 - 복 - 이 라 - -

하나님의 말씀은 살았고
운동력이 있어 좌우에 날선 어떤
검보다도 예리하여 혼과
영과 및 관절과 골수를 찔러
쪼개기까지하여 또 마음의
생각과 뜻을 감찰하시나니

히 (4:12)

76
주찬양 전심으로

주 - 찬 양 전 심 으 로
주 - 찬 양 온 힘 다 해
찬양받으실 분 - - 주이름영광 돌 - 려 -
주 찬 양 주 찬 양 송 축 해 -
해 돋는 데서부터 해
지는 데까지 여호와의 이름이
찬양을 받으시리로다
시 ⟨ 113 : 3 ⟩

78
해 돋는데부터

해 - 돋 는데 - 부터 해 - 지 는데 - 까지 - 주
이 름이 찬양받으시 리 해 - 돋 는데 - 부터 해 -
지 는데 - 까지 - 주 이 름이 찬양받으시 리 온
나 라위에높으 신 주 그 영 광온 하 늘 위에 우
리 주같 - 은이 누구랴 높 이 계신 주 - 님 - 해 -
돋 는데 - 부터해 - 지는데 - 까지 - 주 이 름이 찬양받으시 리

77
새노래로 주찬양해

• Leon Patillo
• 예수전도단 번역
• 보통으로
새노래로주 - 찬양해 —— 성전 가 득찬 야채 우세.
새노래로주 - 찬양해 —— 우리 찬 양기 뻐하 시네.
그분은 만왕 - 의왕 유 일하 - 신주 그 앞에 - 경 배해 배해
모든 만물노 - 래해 주 님께 - 영광 그 앞에 - 경 배해
할 렐 루 야 주 께 영 광
할 렐 루 - 야 - 주 께 영 광

79
구원이 하나님께

• 계 7 : 10
• 조금 빠르게
• kenneth Jackson
• 예수 전도단 번역
1. 구 원 이 하나님 과 보 좌 위의어린 - 양 께 1. 구
원 이 하나님 께 영 원 토 록 -
2. 찬양을   3. 존귀를   4. 영광을

80
주의 강한용사들

· 요 5:13~15
· 시 93:1, 45:3~5, 149:6~9
· Triumphantly
· Graham Kendrick
· 두란노 번역

주의강한 용사들 지금일어 나 - 라 원수를
향해 전진해 나가자 우리의 대장 주예수
시 - 니 모두절 하고 경배하세 성령의
검 을위로높이들고 서 위엄과영화의 옷 을입고서앞으로
전진 해가네진리와 온 유와공의 를위한
승 리의주님주의 크신일을 나타 내소 서

81
주님 이곳에

· 작사·곡 정종원

주님이곳 에계심을 - 나 기뻐합니다 - 주님이곳 에계심을 - 나
찬양합 - 니다 - 주님이곳에계심을 - 나 느낄수있어요 -
주님이곳에계심을 - 나감사합 - 니다 - 주님은 - 우리의 - 기쁨과
- 소망되시며 - 주님은 - 언제나 - 우 리와함께계시 ── 네 -
주님이곳에계심을 - 나 느 낄수있어요 -
주님이곳 에계심을 - 나 감사합 - 니다 -

능한 자여 칼을 허리에 차고 왕의 영화와 위엄을 입으소서
왕은 진리와 온유와 공의를 위하여 위엄있게 타고 승전하소서
왕의 오른손이 왕에게 두려운 일을 가르치리이다
시 (45 : 3, 4)

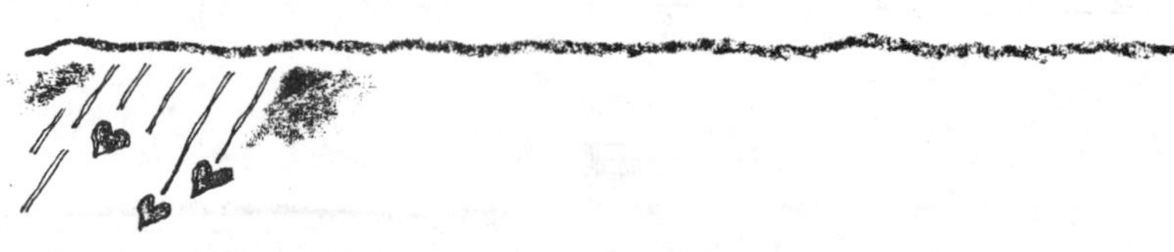

82
즐거웁게 찬양하면서

경쾌하게
다드림 선교단 안성진
즐거웁게 찬양하면 서
하나님께 마음을 열 리
나의영혼 주를기뻐 해
신실하신 주를찬양 해 내게
채 우시 는 하 나 님 이 시 기 에 내가
더욱더 뜨겁게 찬양하 리 내
손을 높 이 들고 입 을 크게 열 면 주님
채우신 다 말씀하셨 네 오
할렐루 야 주찬 양 해 우리
모 임중 에 임하시 는 주 찬양 해

83
영광 영광 왕께 영광을

Tom Mclain
두란노 번역
영광 영광 왕께영 광을
영광 영광 왕께영 광을
Fine
영광의왕 이 누구뇨 그 이름 예수 라 온땅
위에가장높으신 그이름 그이름선포하 리
D.C al Fine

84
주 다스리시네

사 52:7
예수전도단 번역
복음들고 산을 넘는 자들 의 발길
아름답고 도 아름답도 다 평화전하
며 복 된소식을 외치네 주다 스
리시 네 주다 스 리시
네 주다 스 리시 네

85
주 날 위하시면

86
사람들은 이해할 수 없네

·Steve Mirkel and
Martin Nystron
·예수전도단 번역
♩=120
주 날 위 하 시면 누 가 대 적 하 리요
그 리스 도 안에서 늘 승 리 주 시 네
주 의 능 력 으로 우 리 승 리 하 리라
우 린 모 두 승 리 자 주 우 리
에 게 승 리 를 약 속
하 셨네 우 린 승 리 하 리

·경쾌하게
·예수전도단 최인혁
사람들은 이 해 할 수 없 네
주를 보낸 하 나 님의 사 랑
주를 향한 우 리 들의 사 랑
그 사랑이 우 리 구 원 해 주셨 네 주
영원토록 우 리 주 님을 찬양 해
님의 이름 찬 양 해
해 노 래 해 요 주님의
그 큰 사랑을 기 뻐 해 요 우리를
구 원 하셨 네
해

여호와 이스라엘의 하나님을 영원부터 영원까지
송축할지로다 하매 모든
백성이 아멘 하고 여호와를 찬양하였더라
대상 (16 : 36)

Eb(D) Bb/D(A/C#) Cm(Bm) Eb/Bb(D/A) Ab(G) Cm7/G(Bm/F#) Bb(A) Bb7(A7)
내주-되--신 주- 나- 주를 사-랑합니-다-
Eb(D) Bb/D(A/C#) Cm(Bm) Eb/Bb(D/A) Ab(G) Bb(A) Eb(D) Eb4(D4)
내주-되--신 주- 나- 주를사-랑합니-다-
Eb(D) Bb/D(A/C#) Cm(Bm) Eb/Bb(D/A) Ab(G) Cm7/G(Bm/F#) Bb(A) Bb7(A7)
나의구원나의 노 — 래 나의도움되신 -주-
Eb(D) Bb/D(A/C#) Cm(Bm) Eb/Bb(D/A)Ab(G) Bb(A) Eb(D)
나의생명나의 능 — 력 주 를사랑합니-다-

87

내 주 되신 주

·작사·곡 정종원

여호와여 주는 온땅 위에 지존하시고

모든 신 위에 초월하시나이다

시 (97 : 9)

88
영광 영광 어린양 예수

· Larry Dempsey
· 예수전도단 번역
♩=46
영-광 영-광 어린양예 수
영-광 영-광 어린양예 수 - 그는존
귀와영광 받으시기에합 당하신어린 - 양 - 소
리높여 주 님을찬양해 보 좌위어린 양

89
모든 이름위에 뛰어난

· 예수전도단 고형원
♩=172
모든 이름위 -에 뛰어난 -이 름 예수는주 -예수는주 모두
무릎꿇 고경 배들드리세 예 수는 만유의 -주 님 예수는
주 -예수는 주 온 천 하만물우 -러 러 그
분 좌앞영광을돌리 -세예 수예수 예수 는 - 주 -

90
주 찬양합니다

· Cl. Frausse Bergese
· 두란노 번역
♩=74
주 찬양합니 다 내 마 음을 다 해 주
가 하신 놀 라운 일 들을세 상에 모두 말하 리 라
주 찬양합니 다 내 마 음을 다 해 내
가 주 를 기뻐 하며즐거해 할 렐 - 루 - 야지
극 히 높으신 이름찬양해 할 렐 - 루 - 야지
극 히 높으신 이름찬양해 할 렐 - 루 - 야

이러므로 하나님이 그를
지극히 높여 모든 이름 위에 뛰어난
이름을 주사 하늘에 있는 자들과
땅 아래 있는 자들로 모든
무릎을 예수의 이름에

꿇게 하시고 모든 입으로
예수 그리스도를 주라 시인하여 하나님
아버지께 영광을 돌리게 하셨느니라

빌(2:9-11)

91
때가차매

요 4 : 23
·예수전도단 번역
D Em F# G Em A7 D Bm
때 가차 매 - 아 버 지 께 - 신
Em A7 D G/D D Em F#
령과 진정으로 예배 드리 네 - - 때가차
G Em A7 D Bm
매 - 아 버 지 께 - 신
Em A7 D G D
령과 진정으로 예배 드 리 네 -

92
주님께 경배드리세

·시 95 : 6.7
·예수전도단 번역
D G D D/F# G G/G# Em7
주님께 경배드 - 리 세 주님 앞에나 와모두무릎
A7 D G D D/F#
꿇 - 고 주님께 경배드 - 리 세 주님
G G/F# Em7 A G D/F#
앞에 나 와모두무릎 꿇 - 고 - 그 눈 우리 하나
Em7 D/F# G Dsus/F# G Em7/A
님 우 린 그의 기르시는 백 - 성 그의
G A D Bm7 G A7 D
손 - 의 양이 라 그의 손 - 의 양이 라

93
나를 받으옵소서

·작사·곡 최덕신
G/D A/C# Bm A/C# D2
주님 내 가여 기있 사오니 나를 보 내 소 - 서
G/D A7/G F#m7 Bm Em7 Asus A
나의 맘 나의몸 주께 드리오 - 니 주 받으옵 소 서
D G/D A/C# Bm A/C# D D2
주님 내 가여 기있 사오니 나를 써 주소 - 서
Em9 A7/G F#m7 Bm Em7 A7 D C/E D/F#
가진 것 모두다 주께 드리오 - 니 주 받으옵소 서
G A7/G F#m7 B/G Em7 A D2 C/E
알 렐 루 - 야 알 - 렐 - 루 - 야
GM7 A7/G F#m7 Bm Em7 A7 1. G2 D A
알 렐 루 - 야 - 알 - 렐루 야
2. D Em7 A2 D Em7
야 나를 받 으옵소 서 나를 받 으
A Bm F#/A GM7 Em7 ·A7 Dsus D
옵 소 서 -

94

내 평생 사는 동안

· Donya Brockway
· 중대 기독학생회 번역

♩.=66

내 평 생 사는동 안 주 찬양하 리 여호와
하 나님 내 주를찬 양 하 리
주 님을 묵 상함 이 즐겁도 다 내영혼
주 안에서 참 기쁘 리 — 내영혼
아 주님 을 송축하 라 — — 내영혼
아 주님 을 찬양하 라 — — 내영혼
아 주님 을 송축하 라 — — 내영혼
아 주님 을 찬양하 라 —
라 — 내영혼 라 — — —

나의 평생에 여호와께
노래하며 나의 생존한 동안
내 하나님을
찬양하리로다

시 (104 : 33)

95

이와 같은 때엔

· 예수전도단 번역

이와 같은 - 때 엔 난 노 래하 네 사 랑을 노
래 하네 주 님 께 이와 같은 - 때 엔 손
높이 드 네 손 높이 드 네 주님 께 —
SING-ING I LOVE YOU LORD — I
LOVE YOU LORD — I LOVE YOU
LORD O - I LOVE YOU LORD —

96

주님을 무엇보다 더

· Joseph Garlington
· 예수전도단 번역

♩ = 69

주 님 을 무 엇보 - 다더 - 사
양 해 거 룩하 - 신주 - 찬
랑 해 누 구보 - 다더 - 사 랑 해
양 해 거 룩하 - 신주 - 찬 양 해
나 의 삶을 드리 네 찬
네 — 나의 삶을 드리 네

97
시편 42편

98
하나님 나 여기 있으니

· 시 42편
· 박명선 곡
사 - 슴이 시냇물을 찾 - 기에 갈급함같 - 이 내영
혼이 주 - 를 ── 찾고 자주 - 를 갈망 합니 다 주 -
여 - 어찌합니 까 ── 사람 들 이 하는 말이 네
하 나님 - 이 - 어디 있느뇨 어디 있느 뇨 내가 밤낮으 - 로 ── 눈
물 흘리니 - 주 - 여 - 어찌합니 까 내 영 혼 - 아 - 네가
어찌하여 - 낙 망 하느 - 냐 - 네가 어찌하여 - 불
안 하는고 - 너는 너의 하나님을 바 - 라 라 네 얼 굴 - 을 - 도
우 시 - 는 - 네 하나님 ── 을 ── 살 아 계시는 ── 네
하 나님을 - 너는 너의 하나님을 바 - 라 라 내 라

· Don Moen
· 두란노 번역
하 나님 - 나 - 여기 --- 있 - 으니
하 나 님 - 나를 보내
--- 주 - 소서 눈을 열어
--- 보게 하소 -- 서
복음을 - 기다리 - 는 수 - 없이 많 - 은 사람들
내 귀를 열어 - - -
보게 하소 -- 서 우리를
- 기다리 - 는 많 - 은 열방 - - 간절히 - 외치는 소리를 -
D.C al Fim

내 영혼아 네가 어찌하여 낙망하며 어찌하여 내 속에서 불안하여 하는고
너는 하나님을 바라라 그 얼굴의 도우심을 인하여 내가
오히려 찬송하리로다
시 (42 : 5)

99
주는 나의 피난처

· Randy N. Wright
· 예수전도단 번역
♩=60
주는 나의 피난 처 나 의 구원 - 나
의 힘 평강의 — 왕 모
든 나라 - 주되 - 신 주 님 의
능력은 끝이 - 없 - 네 할렐
루 — 야 할렐 루 — 야 할렐
루 — 야 송 축 해 —

100
우리 모일때

· Mike Faye
and Tom Coomes
· 다드림 선교단 번역
♩=69
우리 모일때 - 주 성령임 - 하리
우리 모일때 - 주 이름높이리 우리 마음모 - 아
주를 경배할때 주님 축복하 - 시 리

101
오직 예수

· Robert Gay
· 두란노 번역
오 직 예 수 다른 이름은 없네 주 이름
만 우리에게 주셨 네 오직예 수 다른 이름
없 — 네 오 영 - 광과 존귀권 세 — 와 찬양 받
으 — 실 분 오직 주 예 수 오직예 수 온
땅 위에 홀 - 로 높으신 - 이름 - 하늘 위높이들 - 리셨
-네 - 온 땅위에홀 - 로 높으신 - 이름 - 영
광과 존귀와 - 찬양 드리세 오직예

다른 이로서는 구원을 얻을 수
없나니 천하 인간에 구원을
얻을만한 다른 이름을 우리에게
주신 일이 없음이니라 하였더라

행 (4:12)

102
눈을 들어 영광의 왕을

· Carl Tuttle
· 중대 기독학생회 번역
♩ = 84
눈 을 들 어 영 광 의 왕을 보 라
소 리 높 여 주 를 찬 - 양 하 라
사 랑 해 요 선 포 하 리
알 렐 루 - 야 주 송 축 해

103
왕의 왕께 영광을

왕 의 왕 께 영 광 - 을 어 린 양 께 영 광 - 을
만 유 의 주 께 영 광 을 - 그 는 동 일 하 신 주 나 의 하 - 나 님
거 룩 하 신 주 께 영 광 을 - 그 는 전 능 하 신 주 하 나 님
왕 의 왕 께 영 광 - 을 어 린 양 께 영 광 - 을
할 렐 루 야 할 렐 루 야

104
거룩 거룩 거룩하신 주 II

· 작사·곡 정 종 원
거 - 룩 거 - 룩 거 룩 하 신 주 나
경 배 와 사 랑 드 립 - 니 다
거 - 룩 거 - 룩 거 룩 하 신 주 나
경 배 와 사 랑 드 립 - 니 다
세 상 나 라 권 세 는 모 두 변 하 여 도
세 상 나 라 권 세 는 모 두 무 너 져 도
주 의 나 라 주 의 권 세 영 원 히 서 리 라 -
Fine
D.C.

거룩하다 거룩하다 거룩하다
주 하나님 곧 전능하신 이여 전에도
계셨고 이제도 계시고
장차 오실 자라

계 (4 : 8)

105
거룩하고 순결한

· Author unknown
· 예수전도단 번역
♩=69
D A/D D Bm7 Em7 G/A A
거룩하 고 순결 한 주의 이 -름
D A/D D Bm7 Em7 G/A A
주의이 름 금보 다더 귀하 -네 -
Dmaj7 Bm9 Em7
송축하- 라 -주 이름- 송축하- 라
A A/G F#m7 Bm9
-주 이름- 송축하 라 -주 이름- 오
Em7 A 1. G/A A 2. D
나 - 의 - -하 나님 - (piano)

107
보좌에 앉으소서

· 히 8:1
· 장엄하게
· Roman Pink
· 예수전도단 번역
D G D G
보좌 에 -앉으소서 주 -여 위대 한 -대제사장
D G Bm A7 G7 D G
이시여 모든것 위에 높 으신 주 -
D Em G A7 G D
주님 발 앞에 다 경 배드 리 네 -

106
거룩 거룩 거룩

· Peter Scholtes
· 두란노 번역
♩=78
Eb(D) F(E) Eb(D) F(E)
거룩거룩 거룩 - 전능하신 주
Eb(D) F(E) Cm7(Bm7) F(E) 1. 2.
그 -영광이 온 땅에 충 - 만 - - 호
F(E) (G) (F#m7) Ab Gm7 Eb(D) F(E)
산 나 - 호 산 - 나
(Gmaj7)
Abmaj7 Bb(A) Eb(D) F(E) 1. 2.
높 은 곡 - 에 - 서 - 호 하 -

이제 하는 말의 중요한
것은 이러한 대제사장이
우리에게 있는 것이라.
그가 하늘에서 위엄의 보좌 우편에
앉으셨으니
히 (8:1)

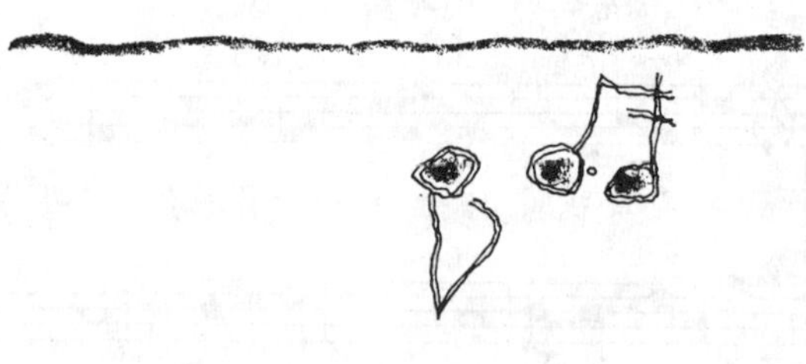

108
나의 안에 계신 주님

·작사·곡 정종원
D
A
나의 안에 - 계신 주님은 - 항상 전할 - 소식 이 라네 -주가
나의 안에 - 계신 주님은 - 항상 찬송 - 제목 이라네 -주가
D
A
1. 2. D
내게 - 밝히 보이신 - 증거 감추지 - 못 해   해 주님
내게 - 친히 행하신 - 사랑 견디지 - 못 해
G
Dmaj7
A
D
내안에 - 내가 주님 안에서 - 누리는 -이기- 쁨 날마
G
Dmaj7
B   E
A
다더욱 - 나를 놀라 게하네 - 성실하신나의 - 주 이제
D
A
내가 - 육체 가운데 - 살아 가는 - 모든 즐 거움 -내안
D
A
D
에서 - 새일 행하신 - 주님 생각함 - 일 세

109
내가 그리스도와 함께

·갈 2 : 20
·예수전도단 박윤호
D   D7   G   D
내가 그리스 도 와 함 - 께 십 자 가 에못
A7   D   G
박 혔나니 - 그런 즉 이 - 제 내가 산 것이니
A7   D   D7   G   D
요 오 직 내안 에예수 께 — 서 사 신 -
A7   D   D7   G   D
것이 - 라 - 이제내 — 가 육체 가 운 -
G   A7   D
데 사 는 것 은 — — - 나를 사 랑하사
D7   G   D   A7   D
자기 몸 버 리 신 예수 위 해 산 것이 라 -

내가 그리스도와 함께
십자가에 못박혔나니 그런즉 이제는
내가 산 것이 아니요 오직
내 안에 그리스도께서 사신 것이라
이제 내가 육체 가운데
사는 것은 나를 사랑하사
나를 위하여 자기 몸을
버리신 하나님의 아들을
믿는 믿음 안에서 사는 것이라

갈 (2 : 20)

110
내게 있는 향유 옥합

♩= 70
·박정관
D   A/C#   Bm   F#m   G   E7/G#   A7
내게있는 향유 옥합 주 께 - 가 져 와
D   A/C#   Bm   F#m   G   A7   D
그 발위에 입 맞 추 고 깨뜨 - 립 니 다
D   A   Bm   F#m   G   E7/G#   A7
나 를위해 험 한 산 길 오 르 - 신그 발
나 를위해 십 자 가에 오 르 - 신그 발
주 님다시 이 땅 위에 임 하 - 실그 때
D   A/C#   Bm   F#m   G   A7   D
걸음 마다 크 신사랑 새겨 - 놓았 네
흘린피로 나 의죄를 대속 - 하셨 네
주의 크신 사랑으로 날 받아주소서

111
그 무엇보다
· Don Moen
· 두란노 편역
그 무 엇 보다 그 누 구 보다
주 님을 더욱 사 랑합 니 다
세 상 부 귀와 내 생 명 보다
주 님을 더 욱 사 랑합 니
다 그 무
주 의 사랑에서 우 리를— 끊을 수는 없으리
— 나 주 의 얼굴 친히 뵙 는 날—
주 님께 고백 하 리 그 무

112
사랑합니다 I
사 랑 합니다 —나를 자 녀 삼으 신 주 —
사 랑 합니다 —나를 자 녀 삼으 신 주 —
내 부르 짖음 들으시고 감 싸 주시— 는 —
영원 히 주 찬 양 합— 니— 다 내 삶을 다 해 —

누가 우리를 그리스도의
사랑에서 끊으리요 환난이나 곤고나
핍박이나 기근이나 적신이나
위험이나 칼이랴 기록된 바 우리가
종일 주를 위하여 죽임을
당케 되며 도살할 양같이
여김을 받았나이다 함과 같으니라
그러나 이 모든 일에
우리를 사랑하시는 이로 말미암아
우리가
넉넉히 이기느니라

롬 (8 : 35 - 37)

113
주님 그 큰 사랑

114
오 나의 자비로운 주여

· Graham kendrick
· 두란노 번역

주님 — 그 큰 사랑
주님 — 멸시 밟고
주님 — 그 큰 사랑

나 같으 — 은 죄 인
죽 같으 — 셨지 — 만
네 죄 — 씻으 시고

자 유 — 케 하 셨네
나 를 — 위 한 보혈
새 생 — 명 주 시네

주 사 랑
홀 리셨 네
주 사 랑

놀 라 우 신 — 주 님 의 사랑

나 의 죄를 — 위 하 여

죽 음 당한 — 하 나 님 아들

날 살 리 — 셨 — 네

날 살 리 — 셨 네 —

오 나의 자 비로 운 주 여 나의 몸 과 영 혼

을 주의 은 혜로 다 채 워 주소 서

이 세상 괴 롬 걱정 근 심 주여 받 아주 시

고 이젠 세 상에 서 인 도 하 소 서 —

예 수 오 예 수 지 금 오 셔

서 — 예 수 오 예 수

채 워 주소 서 — 오 나의 서 — 오 나의

서 오 — 주님 은 혜로다 채워주 - 소 서 —

주의 보호로 인하여
영영히 기뻐 외치며 주의 이름을
사랑하는 자들은
주를 즐거워 하리이다

시 (5 : 11)

115
왕의 왕 예수

· 장엄하게
· Jimmy Rosano
· 예수전도단 번역
왕의왕예-수 모든 나라 다스리소서 ―
왕의왕예-수 모든 나라 다스리소서 온세
상주의영광으로 가-득차고온백성 주께 경배 하게하소서홀로
존귀하신 예수님 다스 리소 서

117
주는 승리의 왕

· Dean Romanelli
· 예수 전도단 번역
주는승 리의왕 왕께 경 - 배
드 리세 ― 승리를 외 치세
알렐―루 야 ― 알렐
루 야 ― 알렐 루 - 야
― 승리 ―를 외 치세 알렐루 야

116
하나님의 어린 양

· Twilla Paris
· 예수전도단 번역
1. 온 세상 죄 지고가 신 하나님
2. 난 길잃 고 방황했 네 죽어야
어 린 양보― 라 - 나의죄 사 하시려
할 이죄인― 을 - 지팡이 와 막대기
고 아버지 품떠 나 셨 네 하나님의어린
로 날인도 하여 주 셨 네
양 아름다우 신 주님을 사 랑합니―
다. 그피로 ― 날 씻기소 서 하나님
어린양예 - 수 2.난길잃 수! 하나님의어린 수!

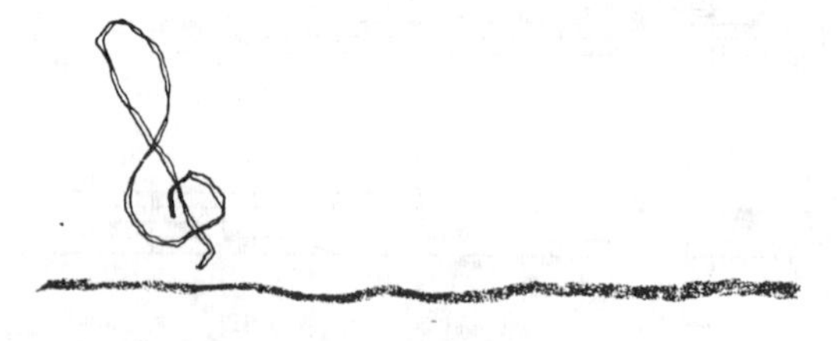

이튿날 요한이 예수께서
자기에게 나아오심을 보고 가로되
보라 세상 죄를 지고 가는
하나님의 어린 양이로다

요 (1 : 29)

118
감사해요

· Alison Huntley
· 예수전도단 번역
· 보통으로
감사 해 요 - 주님의 사 랑 - 감사
해 요 - 주님의 은 혜 - 목소리
높 여 주 님 을 영원히 찬양해 요 나의
전 부 이신 - 나의 주 님 -

119
복의 근원 되신 주

· Jimmy Owens
· 예수전도단 번역
♩= 73
복 의 근원되 신 주 찬 양하 라 모
든 만물 주 님께 찬 양하 라 하
늘 의 천군 도 주 찬 양하 라 찬
양 - 성 부 성 자 - 성 령

120
아침에 나로

· 시 143:8
· 박명선 곡
아 - 침에 나로 주 -의 -인자한 말씀을 듣게 하소서 내가
주를 의뢰합 니 -다 나의 다닐길을 인도 하소 서 내가
내 영혼을 - 주 -께 내 영 혼을 주께 드립니 - 다

121
주의 인자는 끝이 없고

· 애 3:22.23
· 예수전도단 번역
주 의 인 자 는 - 끝 이 - 없 고 그
의 자 비 는 - 무 궁 하 며 - 아 침
마 다 새 롭고 늘 새 로 우니 주 의 성
실 이 큼 이 라 성 실 하신 주 님 -

여호와의 자비와 긍휼이 무궁하시므로
우리가 진멸되지 아니함이니이다
이것이 아침마다 새로우니
주의 성실이 크도소이다

애 (3 : 22. 23)

122
주님나라가 이곳에 임했네

123
하나님이 세상을

·눅 4:18~19, 10:9
·힘있게
· Graham kendrick
· 예수전도단 번역
Intro
주님 나 라가 이곳에 임했
주님 나 라가 이곳에임했 네
네
주님 나 라가 이곳에 임했 네 ─ 너
네 네 ─너 희안에(우리안에) 너 희안에 ─저
네 희안에 너 희안에
눈먼 자눈뜨 고 질병 사 라지네
주께 서명하실 때 ─또 죽은 자살아 나고
복음 듣게되리 예수 눈왕기뻐 해 ─

·요 3:16
· 최덕신 곡
하나님 이 세-상 을 이-처 럼
사 랑하 사 하나님 이 세-상 을
이-처 럼 사 랑하 사 독생자 를
주셨으-니 ─ 이는저 를믿 는 자마
다 ─ ─멸망치않 고 ─ 영생-을
─ 얻게하 려하 심 이니 라

하나님이 세상을
이처럼 사랑하사 독생자를
주셨으니 이는 저를
믿는 자마다
멸망치 않고 영생을 얻게 하려 하심이니라.

요 (3:16)

124
주여 오소서

· 계 7:17
· 예수전도단 함태숙
보라 그 날이 곧 다가오리라 생
나 주님을 기다려 구속하신 그의 백성 호산나 - 주 맞을 준비하세
명 의 주 예 수 영 광중에 오실 날 네
어린양 주예수 오시는 날엔 모든 눈물 씻어주시 리 할
가 그것을 곧 보게 되리 니 영
렐루야 찬양해 그의 영광 그의 능력 어린양 - 주예수 그의 나라 새
원 한집으로 인 도 하시리라 -
하늘과 새땅이 열리게 되리 주여 어서 오소 서 아 멘 -

이는 보좌 가운데
계신 어린 양이 저희의 목자가 되사
생명수 샘으로 인도하시고
하나님께서 저희 눈에서
모든 눈물을 씻어 주실 것임이러라

계 (7:17)

125
구속하신 주찬양

· 예수전도단 함태숙
나의 하나님 - 내구주를 - 오 찬 - 양 - 나의 입술로 - 기뻐외치며 - 오
이스라엘거 - 룩하신주 - 오 찬 - 양 - 그의 성실을 - 기뻐외치며 - 오
찬 - 양 - 할 렐루야 - 할 렐루야 - 내
입 술로 - 찬 - 양 - 내노래로 - 찬 - 양 - 호산나 - 찬 - 양 -
노래해 - 찬 - 양 - 구 속하신 내 영혼 찬 - 양 - - - 주 찬 - 양 - -

126
나는 믿음으로

· 다드림 선교단 번역
나 - 는 믿음으로 주 얼굴 보리니
- 아침에 깰 때 에 - 주 형상에 만족하 - 리
나 주님 닮기 원하 네 믿음으
로 주 얼굴 보 리 라 - 나 -
라 - 믿음으로 주 얼굴 보 리 라 -

127
내가 주를 찬송하리

♩=100
·예수전도단 번역
내가주를찬송하리 높고영화로우신주 말과적군을죽이셨네 네 여
호 와는 힘과노래 나 의구원이되셨 네 - - 여
호 와는 힘 과 노래 나 의 구원이 되 셨 네 나
의하나님 찬 송하며내 가주를높 이 - 리 - 로 - 다 나
의하나님 찬송하며내 가주를높 이 - 리 - 로다

129
찬양의 제사드리며

♩=138
·Kirk Dearman
·예수전도단 번역
찬 양의 제사드리 며 - 성소로 들어 갑니 다
찬 양 의제사드리 며 - 성소로 들어 갑니
다 우리 모 두주 님 께 - 감사의
제 사를 드 리세 우리 모 두주 님
께 - 기쁨의 제 사드 리 네

128
나는 주를 부르리

·시 18:2.3
·예수전도단 번역
나 는주를부르 리 찬양받으실주 님
날 건지리 원수들로부터 - - 오! 살아계신
반석이신주찬양구 원의하나님을 높이 세 - 오살아계신
반석이신주찬양 구 원의하나님을높 이 세 -

내가 여호와를
찬송하리니 그는 높고 영화로우심이요
말과 그 탄 자를 바다에
던지셨음이로다 여호와는 나의 힘이요
노래시며 나의
구원이시로다 그는 나의 하나님이시니
내가 그를 찬송할 것이요
내 아비의 하나님이시니 내가
그를 높이리로다

출 〈15 : 1. 2〉

130
감사로 제사드리는 자가

· 시 50 : 23 · 예수전도단 권혁진

감사로 제사 - 드리 는 자 가   하나님을 영화 롭게
하 나 니   그 행위를 옳게 하는 자 에게
하나님의 구원 - 보이 시 리 라   감사드 려
―   감사드리 - 세 - 아 버 지 께   감사로
제 사 를 ―   찬송 드리 - 세 - 아 버 지
께   우리의 찬 송 을 ―   할렐루
야 할 렐 루 야   우리의 찬 송 을
―   할렐루 야 할 렐 루 야   영원토록
찬 송 을 ―   영원토록 감 사 를
―   영원토록 감사찬 송 을 ―

131
주님께 영광을

· 작사 · 곡 최덕신
주님께 영 - 광을 -   주님께 감 - 사를 -
주님께 찬 - 양을 -   알 렐 루 야
- 우리의 젊 - 음을 -   모두 다 바 - 쳐서 -
주님을 사 - 랑해 -   알 렐 루 야

감사로 제사를 드리는
자가 나를 영화롭게 하나니
그 행위를
옳게 하는 자에게
내가 하나님의 구원을 보이리라

시 (50 : 23)

132
영광의 주

· Capo 2(C)
· 힘과 느낌을 가지고
· David Fellingham
· 두란노 번역

영 광 의 - 주 이름 높 이 세

전 능 의 - 왕 되신 주 - 우

리 정성 - 바쳐 - 경배하 며 섬 기 리

주 의 이름 찬 양 하 리 - 빛 나 는

(Descant)

빛 나 는 보 - 좌 - 다 스 리 시 는 -

보 좌 - 다 스 리 시 는 - 영원한

영 원 한 왕 나의 - 하 나 님 -

왕 - 나의 하 나 님 - 능 력 의

능 력 의 말 - 씀 - 자 유 주 시 네 -

말 씀 - 자 유 주 시 네 - 넘 치 는

넘 치 는 사 랑 주 - 하 나 님 -

사 랑 - 주 하 나 님 -

133
오라 우리가 I

· 예수전도단 번역

오 라 우리 가 - 여 호 와 의 - 산 에 올 라 - 하

나 님 의 전 에 이 르 자 - - 주

님 의 도 를 배 우 고 - 주

님 의 길 로 행 하 리 - 이 는

율 법 이 시 온 에 서 나 오 고 - 주 의

말 씀 은 예 루 살 렘 에 서 -

많은 백성이 가며 이르기를
오라 우리가 여호와의 산에 오르며
야곱의 하나님의 전에 이르자
그가 그 도로 우리에게
가르치실 것이라 우리가 그 길로 행하리라
하리니 이는 율법이 시온에서부터
나올 것이요
여호와의 말씀이 예루살렘에서부터
나올 것임이니라.

사 (2 : 3)

134
여호와 춤추리

♩=124
·예수전도단 번역
여호와춤추리 (여호와춤추리 -) 기쁨의그날에 - (그날
에) 나를기뻐하시며 나를 새롭게해주시네
네 모두 다 기 뻐 함께 외 - 치 -
며 전심 으로 기 뻐 크게 찬 - 양하
세 우리 안에 계 신 주 여호와께 -
- 여호와춤추리 네 두려 움 전혀없으 리 두려
움 전혀없으 리 힘차 게 주를 찬양 해 우리
안에 계 신 주 여호와께 -

너희 의인들아
여호와를 기뻐하며 즐거워 할찌어다
마음이 정직한 너희들아
다 즐거이 외칠찌어다

시 (32:11)

135
내 주는 크고 큰 능력으로

♩=120
· Graham kendrick
· 은성예수찬양 번역
내주는크고큰 능력으로 세상 이 겼 - 네
내주는크고큰 능력으로세상 이 - - 겼 네
찬양하리라기뻐하리라주님 함께 하심 을
죄와 죽음과사 탄의 - 힘 주님 받아래두 고
살아계신주는 나의 힘 세상 을능히이겼 네
주의이름을높 이셨네 왕의 왕께 경배하 세

136
내가 여호와의 인자하심을

J. H. Fillmore
예수전도단 번역
♩ = 132
내가 여 호 와의 인 자 하 심 을 노 래 하 리
라 - 영 원 히 - 내가 여 호 와의 인 자 하
심을 변함없이 영원히노래하리 라 - 주님
의 - 성 실 하 심 내 입 으 로 - 전
하 리라- 주님 의 - 성 실 하 심 내
입 으 로 대대에 전 하 리 내가

137
나의 주 크고 놀라운
하나님

Words and Music by
Rich Mullins
두란노 번역
♩ = 69
나의 주 크고놀 라 운 하나 님 하늘위에 서 지혜-
와 권능과 사랑으로 우릴다스 리-네 나의
1. 우 릴다스 리- 네

138
세상권세 멸하시려

Graham Kendrick
두란노 번역
♩ = 168
세 상 권 세 멸 하 시 려
주 님 보 혈 권 능 으 로
주 님 이 땅에 나 타 나 시 었 네
우 리 일어나 나 가 서 외 치 네
우 리 안 에 계 신 주 - 즐 겁
어 둠 의 세 력 들 은 - 모 두
게 찬양해 - 주님 나라 거 하리 - - - 죄악
물 러갔네 - 승 리 하신 나 의주 - - -
을 이기셨네 죽음을 승리로
(할렐 루야이기 셨네) (할렐
루야 승리로) 모두 질병 고치 셨네 (할렐 루야고치 셨네)
주 다 스 - 리시 네 -

내가
여호와의 인자하심을
영원히 노래하며 주의 성실하심을
내 입으로
대대에 알게 하리이다

시 (89:1)

139
예수 이름 찬양

· 예수전도단 번역
E G# A E   G# A E
예수이름 찬 양 예수이름 찬 양
A E A E A E F# B7
내반석 나의 산 — 성 나의 구원자,주 의지하리
E G# A B7 E
예 수 이 름 찬 — 양

나의 힘이 되신 여호와여
내가 주를 사랑하나이다 여호와는 나의 반석이시요
나의 요새시요 나를 건지시는 자시요
나의 하나님이시요 나의 피할 바위시요
나의 방패시요 나의 구원의
뿔이시요 나의 산성이시로다

시 (18 : 1 - 2)

140
왕의 지성소에 들어가

· Daniel Gardner
· 예수전도단 번역
♩ = 68
E   B♭/D#   A/C#
왕 의 지성소에 들어가 보 좌 앞에엎드려
E/B   B7   E   B♭/D#
경 배-해 왕 의 지성소에 들어가 주의
A/C#   B7sus B   A   E/G#
영 광뵈오- 리 오 거 룩하신주님 앞에서 주
G#sus   G# G#7/C   C# B A/C# B/D#   E
이 름높이 리 왕 의 지성소에
B♭/D#   A/C#   E/B B   E
들 어가 영화 롭게변 하 리

141
두손들고 찬양합니다

· Andre kempen
· 두란노 번역
E   F#7   E/G#
두 손들고 찬양 합니다 다시 오실왕 여
A   E   F#m   B   E
호와께 오직 주만이 나 를다스리 네
E   B
- 나주님만을 섬 기리 - 헛된마음
A/E   E   B
버 리고 - 성령이여 내 영혼
B   A/E   E
- 충만하게 하 소서 - 주 님앞
A   F#   B   E
에 내생 명 드리리 라 -

142
예수 가장 귀한 그이름

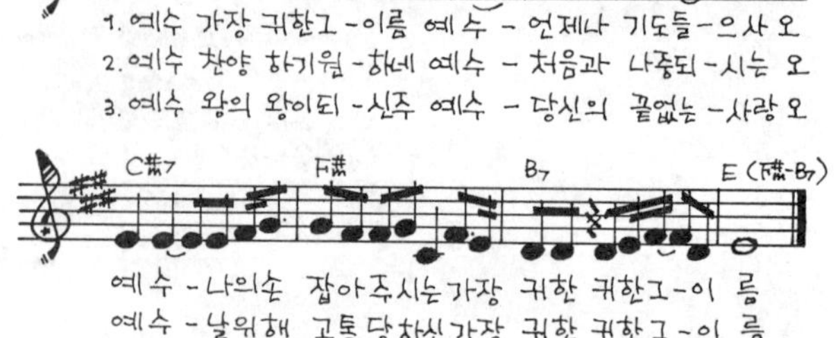
· Tom Cooms
· 예수전도단 번역
· 보통으로
E   F#   B7   E   G#/D#
1. 예수 가장 귀한그 -이름 예 수 - 언제나 기도들으 사 오
2. 예수 찬양 하기원 -하네 예수 - 처음과 나중되 -시는 오
3. 예수 왕의 왕이되 -신주 예수 - 당신의 끝없는 -사랑오
C#7   F#   B7   E (F#-B7)
예수 -나의손 잡아주시는가장 귀한 귀한그-이 름
예수 -날위해 고통당하신가장 귀한 귀한그-이 름
예수 -목소리 높여 찬양해가장 귀한 귀한그-이 름

오직 나는
주의 풍성한 인자를 힘입어
주의 집에 들어가 주를
경외함으로 성전을 향하여
경배하리이다.

시 (5:7)

143
사랑해요 목소리 높여

사 랑 해 요 — 목 소 리 높여 —
경 배 해 요 내 영 혼 기 뻐
오 나 의 왕 — 나의 목 소리 —
주 님귀에 곱 게곱 게 울 — 리 길

145
구하라

· Bob Kilpatrick
· 예수전도단 번역
♩ = 86
1. 구 하라 — 열 방을 네게 주 리라 — 열방을 네
2. 오 주여 — 내가 여기 있 사 오니 — 나를 열방
— 게 유업으 로 — 열방을 네 — 게 주리라 — 내 아들아
— 의 대 사 로 — 나를 열방 — 의 대사로 — 보내소서
구 하라 — 열방을 네게 주 리라 — 열방을 네
오 주여 — 내가 여 기 있 사 오니 — 나를 열방
— 게 유업으 로 — 주 — 리 라 — —
— 의 대사 로 — 보 내 소 서 — —

144
주를 높일지라

· 시 99 : 5
· 보통으로 느리게
· Rick Ridings
· 예수전도단 번역
주 를 높일찌 라 — 여 호와 하나 님 — 그
발 등상 앞 에 서 경 배할 찌 어 다
거 룩하 신 하 나 님 께

너희는 여호와 우리 하나님을

높여 그 발등상 앞에서

경배할찌어다

그는 거룩하시도다

시 (99 : 5)

146
거룩한 땅에 I

· With feeling
· Christopher Beatty
· 두란노 번역
♩ = 69
1. 거 룩 한 땅에 — 우리 여기에 서 있네
2. 거 룩 한 손을 — 우리에게 주 셨네
— 주님 계 신이곳 곧 거 룩한 땅 이 — 라
— 우리 손 으로 — 주 의 일 이루 시 — 네
— 거 룩 한 땅에 — 우리여기에 서 있네
— 거 룩 한 손을 — 우리에게 주 셨네
— 주 님 계 신이곳 곧 거 룩한 땅 이 — 라 —
— 우 리 손 으로 — 주 의 일 이루 시 — 네 —

147
거룩한 땅에 II
With feeling
♩=67
Geron Davis
두란노 번역
거룩－한 땅 에 우리 서있－네 － 천－군－
천 사이 곳 에 － 함께 해 － － 찬－양－
해 － 주 예 수 － － 거 룩－
하 신 주 님 앞에 우리서 － 있 네 －

148
나의 마음을
Prayerfully
Brian Doerksen
두란노 번역
나의마－음을 － 정금과같 이 정결
케 하소서 나 의마－음을 － 정금과같
이 하 소 서 내 영혼에
－ 한 소망있 으니 － 주님
과 같－이 거룩하게－하－소
－서 － 나의삶 을 드리니
거룩 하게－하소서 － － 오주－님
나 를 받으－소 서 －
나 를 받으－소 서 －

내 영혼이 여호와로 자랑하리니
곤고한 자가 이를 듣고
기뻐하리로다
나와 함께 여호와를
광대하시다 하며 그 이름을 높이세
시 (34 : 2-3)

149 크고도 놀라와라

작사·곡 정종원
주 하나님 아버지 알려주신 사랑-은-
크고 도 놀라워 라 -
지혜와 인내로큰 구원준비 하사
독 생자로 나 타내셨 도 다 -
변함이 없 는 주-의 사 랑
이 루 어 주신 은 혜 -
죄 가려 할 수 없-는 진리-
거 룩한 주의공 의 - 주
하 나 님 아 버지 베 푸 신 사랑
영 원히 찬 양 하 리 라 -

150 주님 내 아버지

Stephen Hah
두란노 번역
주님-내아버지- -사 랑하며 -감 사하리 온
맘다해-주 섬기리 나 를 - 받으소 서
주님-내아 버지 - 주께 가오니 -임 하소서 온
맘다해-주 섬기리 내 -생명다 해

151 전심으로 주 찬양

♩=80
예수전도단 고형원
전 심으로주찬 양 주의 이름높 -이올려드리 세
위 대하신하나 님 온땅 위에높 -이 올려드리
세 주 의영광은 - 하 늘위에높 고 주의
찬 송은세계 끝까 지 — 주 의영광은 - 모
든 나 라위에 주의 찬 송은세계끝 -까 지

152
평강의 왕이요

Worshipfully
♩=60
Stephen Hah
두란노 번역
E   G#7   A   A/G#
평강의 왕이요 -
F#m7   F#7/E   B/D#   B7
자비의 하나님 -
G#m   G#7   C#   C#/B
예수 - 영원하신 주 -
A   B7   E A/E   E
만왕의 왕이요 -

153
우리찬양 향기되게

계 5
예수전도단 번역
E   D/E   A   A/E E
우리 찬양향기되게하시고주의 보 좌의기둥 되게하소서
A/E E   D/E   A
우리 찬양향기되게 하소서 홀로 주 앞에 나와
A/E E   A/E E E/G# A   A/E E
경배드릴때 빛난 주님 모습보-고 그의
A   D A A/E E   A   A/E E
위 엄바라 볼-때 천군 천 사 들 과 다함께 그의
D A/C#   B   1.   2.
거룩하심을 외칠때 - 우리 -
E   D/E   A   D   E
거룩 거룩 거-룩 거룩하신 주

154
우리가 여호와께

시 95:1-7
힘있게
예수전도단 김제리노
E   D E   D
우리가여호와께 노래하며부르 자
E   A   E
그는 구원의반석이 -되신 주 -
E   D E   D
감사함으로나가 자 시로즐거이부르 자
E   A   E
그는 구원의 반석이 -되신 주 -
A   E A   E
여호 와는우리 주 모든 신위에크신 왕 경배하
D A E   D A   E
자 -우리모 두 -경배하 자 -우리모 두

오라 우리가 여호와께
노래하며 우리 구원의 반석을 향하여
즐거이 부르자 우리가
감사함으로 그 앞에
나아가며 시로 그를 향하여
즐거이 부르자
대저 여호와는 크신 하나님이시요
모든 신 위에 크신
왕이시로다

시 (95:1-3)

155
내 영이

· 작사·곡 정종원
A/B E
내영이 주 - 를 - 찬양합니 - 다 -
B7 E
내영이 주 - 를 - 찬양합니 - 다 -
E7 A
내 영이 주 - 를 - 찬양합니 - 다 -
A# E/B B7 E B
내영이 주 - 를 - 찬양합니 - 다 - Fine
E A
기 - 뻐 - 하라 - 나의영혼아 감 - 사 - 하라 - 손을들고 -
E F# B
송 - 축 - 하라 - 주를향해 - 외 - 치라 -
E A
기 - 뻐 - 하라 - 나의영혼아 감 - 사 - 하라 - 손을들고 -
E B7 E A/B D·S
송 - 축 - 하라 - 나의영혼 - 아 - 내영이

156
우리함께 기뻐해

· Gerrit Hansen
· 예수전도단 번역
♩ = 138
E A2 E A2
우리함께 - 기뻐 - 해 주께영광 - 돌리 -
F#7 B G#7 C#7
세 어린 양의혼 - 인 잔 - 치와 - 신부
F#7 B A/B E E/G#
가 준비 - 되었 네 - 할렐루야 전능
A A/C# E E/G# B A/C# B/D# E E/G#
하신 주 가다 스 리 네 할렐루야 전능
A A/C# C#7 B E A B E
하신 주 가다 스 리 - 네

할렐루야 주 우리 하나님
곧 전능하신 이가 통치하시도다
우리가 즐거워하고
크게 기뻐하여 그에게
영광을 돌리세 어린 양의
혼인 기약이 이르렀고
그 아내가 예비하였으니

계 (19 : 6. 7)

157

기뻐하며 승리의 노래

· 습 3:14 - 20
· 기쁘게

· David Fellingham
· 예수전도단 번역

기 -뻐하며- 승리 의 노래부 르 리
그 백성 주가 회복 시 -키시 네
그 -사랑으로 억눌렸던자모 아 칭찬과
명 -성얻 게하시네 -전심으
로 ——— -기 뻐하 리
로 기뻐하리 - 전능 의 왕 우리함께
-전능의 왕 — -함께하시 네
- 우리의 강하신용사 - 구원 과 승 리주시네

★다함께
-기뻐외치 며 -주께두 손 들리-
-춤 을추 며 -왕께 찬양해-
-모든원수 를 -멸하 신 주님-
-전능의 왕 -함께하시 네 -

시온의 딸아 노래할찌어다
이스라엘아 기쁘게 부를찌어다
예루살렘 딸아 진심으로
기뻐하며 즐거워 할찌어다
습 (3 : 14)

158

승리의 노래

승 리의노 래 -주 께부르-자 - 우
리의삶 속에주 -님 다 스리네 승 네 그는
왕 모든 나라 의 왕 모든 만물의 왕
1. 면류 관쓰셨 네 -주님은
2. 온땅 다스리 네 -

159
강한 용사

· 행진곡 풍으로, 힘있게
· Debbye Graafsma
· 예수전도단 번역
강한용-사 무장하신 거룩한만군의 주
대장되신주 우리들을 모아 출정케하시네 원수 무찌-르려
1. 이제 원수는 힘없네 이곳에서 아 무 힘과권세없네!
2. 이제 주님만 힘있네 이곳에서 모 든 힘과권세있네!
긴 주님께서 계시는 곳이니 이제 아무 권세없 네!
긴 주님께서 계시는 곳이니 이제 모든 권세있 네!

160
위대하고 강하신 주님

*위대하-고강하신주님- 우리 주하나 님
위대하-고 강하신주님- 우리 주하나 님
깃발을 높이들고 흔들며- 왕께 찬-양 해
위대하-고강하신주님- 우리 주하나 님 ——
위대하-고 강하신 주님- 우리 주하나 님
* 2. 광대 3. 성실

161
크신 주께

· 시 48·1,2
· 예수전도단 번역
크 신주 께 영광돌리 세 하나
님의 성에서 그의 거룩한 산 에서-
더가높고아름 다와 온 세상의기 쁨
저 북방에있는 시온 산큰 왕의 성일 세
씽 할렐 루야 씽 할렐 루야
씽 할렐 루야 큰 왕의 성일 세

여호와는 광대하시니
우리 하나님의 성, 거룩한 산에서
극진히 찬송하리로다
더가 높고 아름다워
온 세계가 즐거워 함이여
큰 왕의 성 곧 북방에 있는
시온산이 그러하도다

시 (48:1,2)

162
찬송하라

· 시 134 : 1 - 2
· 경쾌하게
· Unknown
· 예수전도단 번역
찬송하라 - (찬송하라 -) - 여호와의종들아 (여호와의종들
아) - 주님 집에 - (주님집에 -) - 서 있는 자들 아 (서있는 자들
아) - 성소 향 해 (성소향 해) - 손을들고 서 - (손을들고 서
-) - 찬송하라 - (찬송하라 -) - 찬송 하라 - (찬송 - 하라)

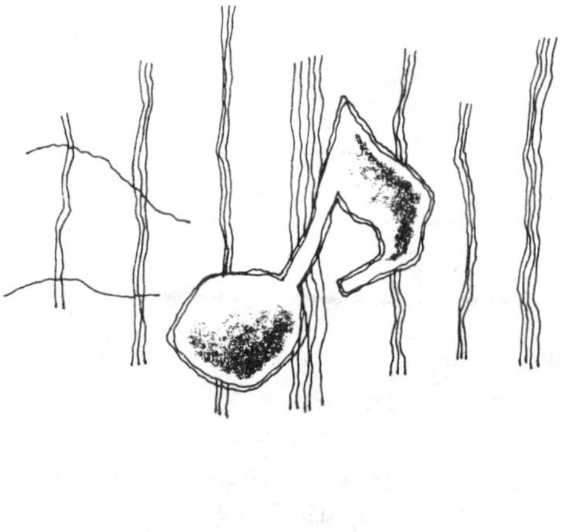

하나님의 종들
곧 그를 경외하는 너희들아
무론대소하고 다 우리 하나님께
찬송하라

계 (19 : 5)

163
찬양해 주님의 종들아

· ♩ = 138
· Jeff Hamlin
· 예수전도단 번역
찬 양 해 - 주 님 의 종 - 들 - 아
- 무 론 대 - 소 하 고 - 주 님
을 경 외 하 는 자 - 들 아 - 찬 양 해
- 주 님 의 종 - 들 - 아 -
무 로 대 - 소 하 고 - 주 님 을 경 외
하 는 자 - 들 아 - 찬 양 해 -
할 렐 루 야 구 원 과 - 영 - 광
존 귀 와 능 력 주 하 나 - 님 께 - 할 렐 루
야 구 원 과 - 영 - 광 존 귀 와 능 력 주
하 나 - 님 께 찬 양 해
D·S al Fine
Fine

164
손을 높이 들고

·경쾌하게
손을 높이들고 주를 찬양 - 높은 곳을 향해 주를 찬양 -
모든 만물들은 주를 찬 - 양하라 -
왕의 왕되신 예수 - 다스리시는 예수 -
생명있음을 찬양 해 - 할렐루야
주를 찬양 - 할렐루야 주를찬양 - 생명있음
1. 을 찬양 해 —— 2. 을 찬양 해 -

165
손을 잡고서

· Steven Fischer
· 예수전도단 번역
·경쾌하게
1. 손을 잡고서 주 찬양합시다 주 찬양 합시다 손을 잡고
손 을 잡고 서 주찬양합시다 주 찬양 합시다 손 을 잡고
알렐루-야 알렐루-야 알렐루-야 손을 잡고
알렐루-야 알렐루-야 알렐루-야 손을 잡고
2. 손을 들고서 (손을 들고)
3. 손뼉을 치며 (손뼉 치며)
4. 주님손 잡고 (손을 잡고)

166
해뜨는데부터

·시 113 : 1 - 3
· 예수전도단 번역
해뜨는 - 데 - 부터 - 해지는데 까 지 —
- 주 이 - 름 찬양받으 - 리 해뜨는-데-
할 렐 루 야 - 여 호 와의 모든 종들 아
주 이름 - 찬양해 - 이 제부터 영원까지 -
주이름 - 을 찬 송할 - 지로 - 다 - -

할렐루야, 여호와의 종들아
찬양하라 여호와의 이름을 찬양하라
이제부터 영원까지 여호와의
이름을 찬송할찌로다
해 돋는데서부터 해
지는데까지 여호와의 이름이
찬양을 받으시리로다
시 (113 : 1 - 3)

167
이날은 주가 지으신 날

168
존귀 오 존귀하신 주

Rick Shelton
예수전도단 번역
이날은주-가지으-신날- 기뻐하고-즐거워
-하세오 이날은주-가지으-신날-
기뻐하고-즐거워-하세주를-기뻐하
라-주를-기뻐하
라-우리모-두주-님앞에서기
뻐하며-주를-찬양-존귀하-신우
-리주님을기뻐하며-찬양-하세-주
라-주를

나느님 면역
존귀오존-귀하-신주-감사찬양
과-경배-다받으실주님
존귀오존-귀하-신주-감사찬양
과-경배-다받으실주님-찬양
할렐루-야보좌위어린양께-우
리경배하-며영광돌리네-
할렐루-야우리왕께영-광-주는
승리의용-사또만유의주님-

이날은 여호와의 정하신 것이라 이날에
우리가 즐거워하고 기뻐하리로다
시 (118:24)

169
기묘라 모사라

·이사야 9:6
기 묘라 - 모사라 전 능의왕 - -
영 원한내아 버지 평 강 - 의 왕평강의 왕
영 원한 내아 버지 전 능 - 의 왕 -
기 묘라 - 모 사라 - 기 묘라 - 모 사라 -
기 묘라 - 그의 이름 예 수
기 묘라 - 모 사라 - 기 묘라 - 모 사라 -
기 묘라 - 그의이름 예 - - 수

이는 한 아기가 우리에게 났고
한 아들을 우리에게 주신바
　　되었는데 그 어깨에는
·정사를 메었고 그 이름은
　　기묘자라, 모사라,
전능하신 하나님이라,
　　영존하시는 아버지라,
평강의 왕이라 할것임이라.

사 (9:6)

170
확정되었네

·작사·곡 정종원
확 정되었 - 네 - 나 - 의마음 은 주 님 - 께
- 마 - 음을열 어 찬 양하기 - 원 하네
- - 확 정 되 었 - 네
- 나 - 의마음 은 그누구 - 도 - 바 - 꿀수없
네 영원히 - 찬 양하리 - 라 -
Fine
- 내 슬 픔을 - 기 쁨으 - 로
- 바꾸셨네 - 주 님이 - 내 근 심을
- 찬 송으로 - 만 드셨 네 -
내 평생에 - 사는 - 날 - 동 안 - 에
- 주님을 - 나눕이 - - 찬 양하리 - -
D.S.

171
주님의 사랑

· 시 63 : 3. 4
: 예수전도단 번역
E
A
주님의 사랑 - 놀라운 사랑
B7
E
내맘에 넘쳐 - 나 찬송하네
A
내입에 찬송 - 주께 드리리
E
B7
E
- 주의 이름을 찬양하네

173
재대신 화관을

· 사 61 : 3
· 예수전도단 번역
E
F#m7
B7
재대신 화관을 내게 - 슬픔대신 희락을
E
B7
E
곤심대신 찬송의 옷을입히 사우리로
E
F#m7
B7
여호와의 심으신 — 의의 나무 되어 주
E
A
E
께 영광 돌리 - 라 - -

172
종이 되어 섬기세요

· 눅 22 : 24 - 27
· Michael Pyan
· 예수전도단 번역
E
E7
A
주의 나라에서 - 큰 자 되려면 -
E
B7
E
종이되어 섬기세요 주의나라에서
E7
A
B7
- 큰 자 되려면 - 종이되어 섬기세
E A E
B7
E
요 - 종이되어 섬기세요 - -
B7
E
E7
주님처럼 섬기세요 주의나라에서 - 큰 자
A
B7
E A E
되려면 - 종이되어 섬기세요 -

무릇 시온에서 슬퍼하는 자에게
화관을 주어 그 재를
대신하여 희락의 기름으로 그
슬픔을 대신하며 찬송의
옷으로 그 곤심을
대신하시고 그들로 의의
나무 곧 여호와의 심으신바
그 영광을 나타낼 자라 일컬음을
얻게 하려 하심이니라.

사 (61 : 3)

174
내가 어둠 속에서

E   A   E   B   E
1. 내가 어둠 속에서 헤맬때에도 주님은 함께계셔 내가
2. 내가 은밀한 곳에서 기도 할때도 주님은 함께계셔 내가
3. 힘이 없고 연약한 사람들에게 주님은 함께계셔 세상
E   E
시험당하여 괴로울때도 주님은 함께계셔 기뻐찬양하여
아무도모르게 선한일할때도 주님은 함께계셔
모든형제와 자매들에게 주님은 함께계셔
A   E   B   E
할렐루 할렐루 야 할렐 루 할렐루 야 우리 모두 찬양
A   E   C#m A   B   E
할렐루 할렐루 야 —— 주님 나와 함께계시 네

175
감사함으로

· 시 100 : 3, 4   · 예수전도단 번역
E   A Bb E   A
감사 함으로 그 문에 들어가-며 그의 궁전 에 들어
B7   E   A Bb E G# C#
가 — 주께 감사 드리며 그 이름-을 송
A F#m B7 E   A Bb E
축 할-지어- 다 주님의기쁨 내게임하네 나
A F#m B7 E A E   A Bb
항상기쁨안 에서 주 찬양 주님의기쁨
E   A   F# B7   E
내게 임하네 나 기쁜 찬송 주께드리 네

176
전능하신 주께서 다스리네

· 계 19 : 6. 7   · 예수전도단 번역
E   A   E   B7   E
할렐 루-야 전능 하신 주 께서 다 스리 네 할렐
E   A   E   B7   E E7
루-야 전능 하신주 께서 다 스리 네 -모두함
A   F#   B7
께 기뻐 해 -주 님 께 모든영광 돌리세 할렐
E   A   E   B7   E
루-야 전능 하신주 께서 다 스리 네

여호와가 우리
하나님이신줄 너희는 알찌어다
그는 우리를 지으신 자시요
우리는 그의 것이니 그의 백성이요
그의 기르시는 양이로다
감사함으로 그 문에
들어가며 찬송함으로 그 궁정에
들어가서 그에게 감사하여
그 이름을
송축할찌어다

시 (100 : 3. 4)

177
왕이신 나의 하나님

· 시 145:1
♩ =82
· Stephen Hah
F   A   Dm   F7/C
왕 이신 - 나 의 하나 님   - 내
Bb   Gm7   Csus4   C7
가 - 주 를 높이 고   - 영
F   A   Dm   F7/C
원히 - 주 의 이름 을   - 송
Bb   C7   F   Bb/F   F
축 하 리 이 다   -

왕이신 나의 하나님이여
내가 주의 이름을 높이고 영원히
주의 이름을 송축하리이다

시 (145:1)

178
왕이신 하나님

·두란노 번역
왕이신 하나님 높임을 받으소 서 찬양
하 리 라 영원히높임을 받으실 그이름
찬 양 하 리 라 —
그 리 스 도 진리로 다스리 네 —
기 뻐 하 라 — 온 땅이여 찬양하 라 —
거 — 룩 하 — 신 그이름 높이리 라 —

179
예수는 나의 영광

·작사·곡 정종원
예수는 — 나의영 — 광 — 또 예수는 — 나의 소 망 내
안에 계신주 — 닮기원하네 — 주님 닮기를 — 원하네 —
예수는 — 나의 전 — 부 — 예수는 — 나의 보 배 내
안에 오셔서 — 생명되셨네 — 언 제나 — 새힘을 주시네 —
예수 —
나의모든능 — — 력 — 예 수 —
나의귀한보 — — 배 —
나의모든기 — 쁨 —
나의귀한생 — 명 — 예수 —
나의모든소 — 망 예 —
내게있는전 — 부 —
수 — — 예 — 수 — 수 — — 나의 주

180
주를 찬양하며

·Arthur Tannous
·두란노 번역
·부드럽게
1. 주 — 를 찬양 하 — 며 나 — 이제고 백 하는말
2. 손 — 을 높이 들 — 고 나 — 이제고 백 하는말
주 — 를 사랑합니다 나 의 — 모든것 되신주님 께 —
거 — 룩하신 주 의이름 거 — 룩 하신 주 의이름
주 — 의이름 높 이올리 세 —

홀로 기사를 행하시는 여호와 하나님
곧 이스라엘의 하나님을
찬송하며 그 영화로운
이름을 영원히 찬송할찌어다
온 땅에 그 영광이
충만할찌어다
아멘 아멘

시(72:18-19)

181
거룩하신 주 임할때

· Chris Bowater
· 두란노 번역
거룩 하신 주 임할때 -
놀 라운 사랑 느낄 때
빛 되신 주 님 의 영광
- 경 배 합 니 다

182
거룩한 하나님

· Chris Bowater
· 두란노 번역
거 룩한 - 하 나 님 -
주 이름 - 송 축 하리 -
영원 - 하신 전 능 의 주 - 나
1. 경 배 합 니 다
2. 다 하나 - 님 -

183
찬양 알렐루야 I

· Walt Harrah
· 두란노 번역
찬양 알 렐 루 야 알 렐 루 야 주 의
이름높이 세 - 찬양 알 렐 루 야 알 렐
루 야 주 의 이름 찬양 해 내 입술
로 주 님을 찬양 해 - 두 손들 고 주
앞에 나가 니 - 채우소 서 주 예수의 능
력 - 내 입술 로 주 찬양하리 라 -
Fine
D.C

184
거룩하신 하나님 I

♩ = 92
Debbye Graafsma
두란노 번역
F · C/E C/E C/E B♭/D · F/C · Csus C
F · C/E C/E C/E B♭/D · F/C C7 F
C7 F/C C · F/C B♭/C F/C · C7 · G/E F B♭/C F
C7 · C/E F F/E Dm7 F/C B♭ F/A Gm7/B♭ F/C C7 F
거룩하신하나 님 거룩하신하나 님 ——
거룩하신하나 님 거룩하신나의 하나님
의로우-신 주 하나-님 신실하-신 아버지
모 든만물을 다 스리시는 거룩 하-신 - 하나님

185
거룩하신 하나님 II

♩ = 80
Herry Smith
두란노 번역
Am/c F C/E Dm Am
B♭ F/A E♭ 1. Gm7/c C7 Am/c
2. Gm7/c C C/B♭ Am7 Dm7 C/O Dm7 Gm7
B♭/c C B♭/D C/E Fmaj7 Am/E Dm7 C/O B♭ E♭
1. Gm7/c C C/B♭ 2. Gm7/c C7 B♭/c F F/C F
거 룩 하신 하나님 - 주 께 감사 드 리 세 - 날위
의 맘과 뜻다해 - 주 를 사랑 합 니 다 -
해 - 이땅에 오신 - 독 생 자 - 예 수 나
십자가 지신 -
수 내 가 약할 때 강함주 고 가난
할때우리 를 부요케 하신나 의 주 감 -
사 내 사 감 사 -

186
존귀 존귀하신 주

♩ = 66
Don Moen
예수전도단 번역
F Gm7sus Gm7
B♭/c C B♭/c C B♭/F F Gm/F B♭/c
F Gm7sus Gm7
B♭ C 3 F
존 - 귀 존귀 하신주 왕의
왕 주의주 존귀 하신주
존 - 귀 존귀 하신주 왕의
왕 주의주 경배하 리

우리 주 하나님이여
영광과 존귀와 능력을 받으시는
것이 합당하오니
주께서 만물을 지으신지라
만물이 주의 뜻대로
있었고 또 지으심을
받았나이다

계 (4 : 11)

187
열어주소서

188
온맘다해 주 사랑하라

송명희 사, 최덕신 곡
Jimmy and Carol Owens
두란노 번역

열 어 주 소 서 열 어 주 소 서
내 눈 - 을 열 어 주 소 서 -
열 어 주 소 서 열 어 주 소 서
주 - 님 바라볼수 있 도록 열 어 주 소 서
주 님 말씀들을수
열 어 주 소서 열 어 주 소서 내눈을 열어주소 서 -
열 어 주 소서 열 어 주 소서 내 귀를 열어주소 서

온 맘다해주 - 사랑 - 하 - 라 -
생 명다 해주 - 사랑 - 하 - 라 -
뜻 을 다하여 - 사랑 - 하라 - - 온 맘다
해 생명다 해 주사 랑해 - -
해 사랑 해 - 요 존 귀 하신주
- 사랑 해 - 요 큰 일행 하 셨네
- 사랑 해 - 요 더욱 사 랑해
- 온맘다해 생명 다 해 주사랑 해 -

주 하나님 곧 전능하신 이시여 하시는 일이 크고 기이하시도다
만국의 왕이시여 주의 길이 의롭고 참되시도다
주여 누가 주의 이름을
두려워하지 아니하며 영화롭게 하지
아니하오리이까 오직 주만 거룩하시니이다
주의 의로우신 일이 나타났으매
만국이 와서 주께 경배하리이다
계 (15 : 3 - 4)

189
주님만 사랑하리

· Pete Sanchez Jr.
· 두란노 번역
· With awe
주님 만 주님 만 주님 만 사 랑 하
리 나의 왕 나 의 주님 주 님을 더욱
알 기 원해 나 주님 께 오직 주께 경배
하 네 거 룩 거 룩 죽 귀 죽 귀
하신주 사 랑 합 니 다

191
나는 주를 높이리라

· 시 97:9
· Pete Sanchez, Jr.
· 예수전도단 번역
주 는 땅 위 에 서 지존 하 시 고 주 만이
참된 나 의 신이 라 주 는 땅
의 신이 라 나는 주 를 높이
리 라 높이 리 라 오 주
님 나는 님

190
찬양 알렐루야 II

· Walt Harrah
· 두란노 번역
찬 양 알 렐루야 알 렐루 야
알 렐 루 야 찬양 알 렐루야
알 렐루 야 알 렐루 야

일곱째 천사가 나팔을 불매
하늘에 큰 음성들이 나서
가로되 세상 나라가 우리 주와
그 그리스도의 나라가 되어
그가 세세토록
왕노릇 하시리로다.

계 (11:15)

192
하늘과 땅의

1. 하 늘 - 과 땅 - 의 모 두권세 주 셨으니 그
2. 너 희 - 는 모 - 든 족 속으로 제 자삼고 성
3. 너 희에게 분부한 모 든것을 가 르치라 이

러므로 너희는 전 하 - 라 모든 사 람 에게
부 성 자 성령의 이 름으로 세 례를 주 어 라
세 - 상 끝 날까지 영 원 - 히 함께 있 으 리 라

가라 가서 전하 라 살아 계신 주 가서 전하

라 예수 그리스 도 우 - - 살아 계신

주 - 곧 오 시 리 라

193
우리는 주의 백성이오니

우 리는 주 의 - 백성이-오니 -

- 주 의 그 큰 이름 - 선포합-니다 -

- 이곳 어두운 세 상에 - 빛으로 부르 셨 네

- 주의 얼굴 구 할때 - 역사하 소 서 -

교 회 를 세 우 시 고 -

이 땅 고 쳐 주 소 서 -

주 님 나 라 임 - 하 시 고

주 뜻 이 뤄 지 이 다 -

주의 성령이 내게 임하셨으니 이는 가난한 자에게 복음을 전하게 하시려고
내게 기름을 부으시고 나를 보내사 포로 된 자에게 자유를, 눈먼 자에게
다시 보게 함을 전파하며 눌린 자를 자유케 하고
주의 은혜의 해를 전파하게 하려 하심이라
눅 (4:18, 19)

194
오 할렐루야

· 작사·곡 정현섭
오 할렐루야 - 우리다함께 - 하나되어 찬양해요 -
오 할렐루야 - 모두손잡고 - 기쁜노래 불러요 요
Fine
기쁠때나슬플때나 어느때든지 모두 주를 찬양합시 다
강한자나약한자나 어느누구나 모두 주를 찬양합시 다
· Incomny
· 한사랑 번역
감 사 드 려요 - 날 사 랑 하심 -
어 찌 그 사랑 - 말 로 다 하리 -
내 삶 에 참 기쁨 - 즐 거 움 되시네 오!
- 감 사 드 려 -

195
감사드려요

196
송축하리 주의 이름을

· Don Moen
· 예수전도단 번역
♩= 63
송 축 하리주의 이름 을 찬양 받으시기합당 하신
주 모두 거룩 한손높이들고 서 주를 송축 하리라 -
송축 하리라 - 송축하리 - 주의이름 을

다니엘이 말하여 가로되
영원 무궁히
하나님의 이름을
찬송할 것은
지혜와 권능이 그에게
있음이로다

단 (2:20)

197
주의 이름 송축하리

· Clinton Utterbach
· 두란노 번역

198
나의 손을 가르쳐

· 시 18:34, 35, 38, 46
· 생기있게
· Dale Garratt
· 예수전도단 번역

1. 주의이름 송축하리 - 주의이름 송축하리
2. 거룩하신 주의이름 - 거룩하신 주의이름
지조하신주의 이름 - 찬 - 양
거룩하신주의 이름 -
- 찬 - 양 -
주님의이름 - 은 - 강한성 - 루 -
그곳에달려 - 간 - 자 안전-하리
- 주님의이름 - 은 -
강한성 - 루 - 그곳 에달려 - 간 - 자
안 전 - 하리 -
D.C al Fine

만 군 의 주 승 리 주 네 만
주가 나의 손을 가르쳐 내팔 놋 화 살을당기네 주가
군 의 주 승 리 주 네 만
나의 손을 가르쳐 내팔 놋 화 살을당기네 또
군 의 주 승 리 주 네
구원의방패 내게 주 사 원수를 이기겠네
구원의반석 주님을 찬 양 해
구원의반석 주님을 찬 양 해

3. 영광스런 주의 이름 - 영광스런 주의 이름 -
영광스런 주의 이름 -

내 손을 가르쳐 싸우게 하시니 내 팔이 놋 활을 당기도다
주께서 또 주의 구원하는 방패를 내게 주시며 주의 오른손이
나를 붙들고 주의 온유함이 나를 크게 하셨나이다

시 (18 : 34, 35)

199

어린양 찬양

· 계 5:12
· 사 45:23-24
· 장엄하게
· Bruce Clewett
· 예수전도단 번역
어린양 찬양 — 우리 죄위해 죽으신주님 — 또
죽음 에서부 — 활하신영원하신주 할렐 루 ——야 —
어린양 찬 양 — 오직 그 이름 송축하리라 —
모두 무릎꿇 — 고경배하며외치리 할렐 루 ——야 — 그는
그는주 ———— 그는 주 —
주 ———— 그는 주 ———— 그는
그는 주 ———— 그는 주 ———— 그는 주
주 ———— 그는 주 ———— 그는 주

200
주의 인자하심이 II

· 시 63
· 정지홍 곡
주 의 인자하심이 - 생명보다 나으므 로 -
나 의 입 술 이 - 주를 찬양하 리
이러므로 내 평생에 주를 송축하 며
주 의이름으로 인하여 내손 들리이 다

201
전능하신 주님

· 계 15:3-4
· 작사·곡 정종원
전능 하신 주님 주만 찬양 합니 다
거룩 하신 주님 주만 경배 합니 다
주의 일하 심이 크고 기이 하 시도 다 천하
주의 의로 우일 널리 나타 나 셨도 다 천하
만국의왕 이 시여 - 주의 길이 의롭고 참되시오니 주만
만국의왕 이 시여 - 만백 성이 엎드려 경배하오니 주만
찬 양 합 니 - 다 -
경 배 합 니 - 다 -

202
당신은 영광의 왕

· 두란노 번역
· Mavis Ford
당신은영광 의 - 왕 당신은평강의 왕
당 신은 하늘 과땅의주 당신은 정의의아 들
천 사가무 릎 꿇 - 고 예 배 하 며 경 배 하네
영 원한 생명 말 - 씀 당신은 예수끄리스도 주 호
산나다윗의 - 아 들 - 께 호 산나불러 왕중의 왕
높은하늘엔 영 광 - 을 - 예 수주메시야 - 네

주 하나님 곧 전능하신이시여
하시는 일이 크고
기이하시도다 만국의 왕이시여
주의 길이 의롭고 참되시도다
주여 누가 주의 이름을
두려워하지 아니하며 영화롭게
하지 아니하오리이까
오직 주만 거룩하시니이다
주의 의로우신
일이 나타났으매
만국이 와서 주께 경배하리이다

계 (15 : 3. 4)

203
존귀한 주의 이름

· Carl Tuttle
· 두란노 번역
· Majestically
G   D/F#   Em   Am/C   Am
1. 존귀한주의 이름 - 나 찬양 드리
성령내게 임할때 - 갈 급함 채우
올 무벗게 하신주 - 참 자유 주셨
D   D7   G   D/F#   Em
네 주는 빛난 영 광 의 왕 - 창
네 자비 하 신 보 좌 앞에 - 두
네 소리 높여주 찬 양 하리 - 영
Am/C Am   C/D   D   C/D   D   Gsus4   G
조 주 하나 님 - 경 배 합 니다
손 을 듭니 다 -
원 히 찬양 해
G/F#   Am/E   Em   Em/D   C   C/B
- 내삶을 드 리며 - 주 께
Am7   D   C/D   D   Gsus4   G
- 무릎꿇 고 - 경 배 합 니다
G/F#   Am/E   Em   Em/D   C   C/B   Am7
- 내삶을 드 리며 - 주 께 - 무릎꿇
1.2.D C/b D C/D D   3.D C/D D   G   F·O
고 - 3.모든 고 -
2.주의

204
내 영혼이

· 두란노 번역
1 G   C   D7   G   2 G   C   D7   G
내 영혼이 내영혼이 주님을찬양하며 기뻐합니다
G   C   D7   G   G   C   D7   G
내영혼이 내영혼이 주님을찬-양합 니 다

205
찬송의 옷을 주셨네

· 사 61:10
· 한사랑 번역
G   Em   C   Am   D7
내 손을 주께높이 듭 니다 내 찬양받으실 주 님 -
G   Em   Am   D7   G   Fine
내 맘을 주께활짝 엽 니다 내 찬양받으실 주 님 -
G   B7   Em   C   Am   D7
슬 픔 대신희락 을 - 재 대신화 관 을 -
G   B7   Em   Am   D7   G   D·C
근 심 대신찬송 을 - 찬 송의 옷을 주셨 네 -

내가 여호와로 인하여 크게 기뻐하며 내 영혼이 나의 하나님으로 인하여 즐거워하리니
이는 그가 구원의 옷으로 내게 입히시며 의의 겉옷으로 내게 더하심이 신랑이
사모를 쓰며 신부가 자기 보물로 단장함 같게 하셨음이라
사 (61 : 10)

206
거룩 거룩 거룩하신 주 I

· 계4:8
· 두란노 번역
거 룩 거 룩 거 룩하신 주
조 - 귀 조 - 귀 조 - 귀하신 주
전 능하신 하 나 - 님 - - - 어제
도 계셨 고 오늘 도 - 계시 며 이제곧
오 - 실 거 룩 하 신 주 -

207
거룩한 주하나님

· Danny Daniels
· 두란노 번역
거 룩 - 한 주 하나님
사 랑 해 요 주 의 도를
- 만 왕 의 왕 -
- 주 이 름을 -
거 룩 - 한 주 의 이
사 랑 해 요 영 원 토
록 찬 양 하 리
록 선 포 하 리
거 룩 한 - 주 는 예 - 수
거 룩 한 - 주 하 나 - 님 -
거 룩 한 - 주 는 예 - 수
거 룩 한 - 주 하 나 님 -

208
여호와 거룩하신 주

· 삼상 2:2
· 조금 느리게
· Gary Garrett
· 예수전도단 번역
여 호 와 거 룩하신 주 - 유일
한 하 나 님 - 주님
같 은 반 석 도 없 으 리 - 여호
와 거 룩하 신 주 -

여호와와 같이
거룩하신 이가 없으시니
이는 주 밖에 다른 이가 없고
우리 하나님 같은
반석도 없으심이니이다

삼상 (2:2)

209
오 예수님

· 예수전도단 고형원
G   Em   C   G
오 예 수 님   내가 옵 니 다 못 박 히
그 큰 사 랑   눈물에 겨 워 울며 울
Am   1. C   G   2. C   G
신 며   십 자 가 앞 에   돌 아 옵 니 다 주
Am   G   Am   G
님 손 과 발 못 박 혔 고 머 리엔 가시 관 박 히 셨 네 내
Am   G   C   Dsus - D
모 든 죄 와 허물 위해 - 말없 이 피흘려 주 셨 네
G   Em   C   G   C
오 예 수 님   나의 손 잡고 이제 부터 - 영원까
G   C   G   C
지 내구 주가 - 되옵소 서 이제 부터 - 영원까
G   C   G Em7 C D7 G
지 내구 주가 - 되옵소 서 - -

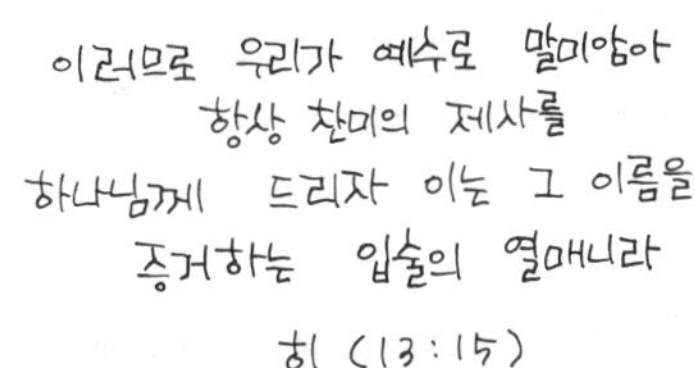
이러므로 우리가 예수로 말미암아
항상 찬미의 제사를
하나님께 드리자 이는 그 이름을
증거하는 입술의 열매니라
히 (13:15)

210
예수의 이름으로

· Chris A. Bowater
· 두란노 번역
♩ = 74
G   Em   Am7
예 수 의 이름으 로 나는 일 어 서 리
D7   G   G7   C   Am7
라 주가 주 신 능력 으로 - 나는 일 어서리
D7   G   G7   Cmaj7
라 원수 가 날 향해 와도 - 쓰러 지 지않으
Cm6   G   G7   C   Am7
리 주가 주 신 능력 으로 - 주가 주 신 능력
D7   G   G7   C   C/D   G
으로 - 주가 주 신 능력 으로 - 일 어 서 리 -

211
예수 알렐루야 구주

· Cam floria/
Franz Liszt
· 예수전도단 번역
· 조금 느리게
G   B7/F#   E7   A9
예   수   알 렐 루 야 구 주
Am7   D   D7   G
찬 양 을 드 리 네 -
G   B7/F#   E7   A9   A7
알   렐   루 야 알 렐 루 야
Am   D   D7   G
사 랑 을 드 리 네 -

212
우리를 사랑하사
·곡 이유정
우리를 사랑하사 그-의피로- 우리를 죄-에서
해방하시고- 아버지하나님을 위하여- 우리를
나라와 제사장으 로 삼으신 주
- 영광과 능력이 세세 토록 있기를-원하노
라 영광과 능력이 세세 토록 있기를-원하노
라 영광과 능력이 세세 토록 있기를-원하노
라- 볼찌어다 주가 구름타고 오시리라
영광영광할렐 루 야 영광영광할렐 루 야
영광영광할렐 루 야곧 승리하리 라
우리를 사랑하사 그의피로
우리 죄에서 우리를
해방하시고 그 아버지 하나님을
위하여 우리를 나라와
제사장으로 삼으신 그에게
영광과 능력이 세세토록 있기를 원하노라 아멘
계 (1:5,6)

213
살아계신 하나님
·작사·곡 최덕신
살아계신 하나-님- 역사하는 하나-님-
우리찬양 가운-데- 거하시는하나-님-
손을들고 찬 양 손뼉치며 찬 양 목소-
리 높여 찬-양- 주를 찬 양하 라
할 렐 루-야 할 렐 루-야-
할-렐 루-야-주를 찬 양하 라
Fine
D.C

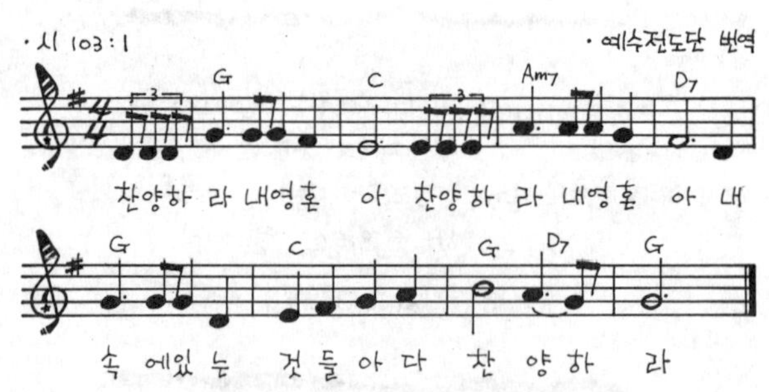
214
찬양하라 내영혼아
·시 103:1
·예수전도단 번역
찬양하 라 내영혼 아 찬양하 라 내영혼 아 내
속 에있는 것들아 다 찬 양하 라

215
지존하신 주님이름 앞에

· Chris A. Bowater
· 두란노 번역
지존 하신 주님 이 름 앞에 모두 무릎 꿇고 다
경배 해 - 거룩 하신 주님 보 좌 앞에 엎
드려 절-하 세 예 수 는
그리스도 예 수 는 주 하 나 님의
영 으 로 - 경 배 드 리리 -

216
주님의 손으로

· 두란노 번역
1. 주님의 - 손으로 - 나를 - 붙드소 서 주님의 -
2. 주님의 - 사랑으로 나를 - 만지소 서 내삶을 -
성령으로 나를 - 채워주소 서 - 찬양 할 렐 - 루 -
드림으로 주님께 - 영광돌리리 -
야 - 찬양 할 렐 - 루 - 야 - 찬양 할 렐 - 루 -
야 - 찬양 할 렐 루 야 할렐 루야 할렐
루 할렐 루야 할렐 루 루

217
모든 영광을 하나님께

· 예수전도단 번역
1. 모든 영광을 - 하 나 님 께 - 모든
2. 예수 님 - 찬양 받으 소 서 - 예수
3. 위로 의 - 성령 님이 시 여 - 위로
영광을 - 하 나 님 께 - 온
님 - 찬양 받으 소 서 - 짐
의 - 성령 님이 시 여 - 우
맘 과 뜻 다해 주 사 모 합 니 다 모든
사했네 우리 위해 성 령 - 주 셨 네 예수
리안에 계 셔서 인 도 - 하 시 네 위로
영광을 - 하 나 님 께 -
님 - 찬양 받으 소 서 -
의 - 성령 님이 시 여 -

새 노래로 여호와께
찬송하라 대저 기이한
일을 행하사 그 오른손과 거룩한
팔로 자기를 위하여
구원을 베푸셨도다

시 (98:1)

218
보라 하나님은

· 예수전도단 성명희
보 라 하나님-은 -나 의 구원이시 라 -내
가 의뢰 하 고 -두 려-움없으 리 니 -주
여 호 와 는 -나의 힘 이 시 며 -나의
노 래시 며--나-의 구 원 이 라 -
그러므-로 -너희 가 기쁨으-로 -구
원 의샘에 서 -물 을 -길으리 라 -구
원 의샘에 서 -물 을 길으리 라 -

보라 하나님은 나의 구원이시라
내가 의뢰하고
두려움이 없으리니 주 여호와는 나의
힘이시며 나의 노래시며
나의 구원이심이라 그러므로 너희가
기쁨으로 구원의 우물들에서
물을 길으리로다

사 (12 : 2, 3)

219
보좌에 앉으신

· Seary George John
Clisurn/Stephen Hah
· 두란노 번역
♩ = 84
1. 보 좌 에 앉---으-신 -
2. 어 제 도 계---셨- 고 -
어 린 양 예 --- 수 -
오 늘 도 계 시 -- 며 -
영 광 중 중 귀 - 찬 - 양 -
이 제 곧 오 -- 실 -
높 임 을 받 으 소 서 -
어 린 양 예--- 수 -
거 룩 거 룩 어 린 양
예 - 수 - 거 룩
거 룩 어 린양 예 - 수 - - 아멘
아 멘 주 예 수 - 여
어 서 오 소 서 - 아멘 아 멘
주예수-여 어서오소서 -
D.C al Coda

220
왕이신 예수

왕이신 예-수 그는임 마누엘 - 왕의
왕 주의 주 빛나는 별 - - 영원
도 록주님 을 찬양하 면 서 - 주와
함 께영원 히 다스리 리 -

222
사랑합니다 II

· Eddie Espinosa
· 두란노 번역

사랑 합니다 - 나의기도
들 으사 - 주님 만 이상 한 맘고치시-
네 사랑 합 니다 - 진심
으 로 주님 내맘깊이 만 지셨
네 사 랑 네 -

221
그사랑

· 작사·곡 박명선

주 님이나를사-랑하 사 친 히 이땅에오셔
사랑나를살게 하였 고 내 게 참기쁨되셨
서 십자 가에못박혀죽으 셨건 만 왜 나는 그사랑몰랐
고 그 사랑나를인도하였 건 - 만 왜 나는 그사랑잊었
나 - 그 나 그 사랑없이 살수 있는 가 그
사랑 을너는아는 가 그 사랑을전 할수 있는가 그
사랑 너는할수있는 가 오 주여 내게 믿음 을 오
주여 내게 사랑 을 오 주여 내게 갈보 리언덕
을 따라 가 게하 소 서

공휼에 풍성하신 하나님이
우리를 사랑하신 그 큰 사랑을
인하여 허물로 죽은 우리를
그리스도와
함께 살리셨고 너희가
은혜로 구원을 얻은 것이라

엡 (2 : 4. 5)

223
사모합니다

· 예수전도단 번역
사 모 합 니 다 1.몸 과 마음을
2.3.뜻 과 정성을
다 해 우 리 하 나 님
예 수 님
성 령 님

225
주님 사랑해요

· 작사·곡 이정림
주님 - 사 랑 해 요 -
주님 - 사 랑 해 요 -
말 하 지 않아도 표 현 다 못 해 도
주님 - 사 랑 해 요 -

224
사랑의 노래 드리네

· Craig Musseau
· 두란노 번역
사랑의노 - 래드 - 리네 - 나의구 - 주 - 예수님
- 께 - 주행하신 - 일감 - 사해 - 내 사랑하
- 는 - 귀하신예 - 수 - 주님께서 - 나를
부 르셨네 --- 주의소유삼으셨네 - 주님의 -
사 - 랑 -- 의 품에 - 주의 - 사 - 랑 -- 의 품에
- 잠잠하게 - 주님곁에 - 날붙드 - 소서
- 잠잠하게 - 주님곁에 - 잠잠하게
- 주님곁에 - 날붙드 - 소서 -

주의 영화로운 이름을
송축하올 것은 주의 이름이
존귀하여 모든
송축이나 찬양에서 뛰어남이니이다

느 (9:5)

226
주와 같은 분

· Todd Pettygrove
· 한사랑 역
G   Am7   D
주와같은 분 — 내겐없도
사랑합니다 — 사랑합니
G   Em   Am7
다 — 주와같은 분
다 — 사랑합니다
D   G   C   G
— 내겐없도 다 —
— 사랑합니 다

227
주를 바라보며

· Todd Pettygrove
· 한사랑 역
G   Am7   D   Am7   G
주를바라보며 — 찬양드립니다
Em   Am7   D   C   G
— 내영혼 깊은곳 소-리 높여 찬 —양
Am7   D   Am7   G
— 주께두 손 들어 — 내짐 맡깁니다
Em   Am7   D   C   G
— 내생명 다 드려 예-배드립니다 —

228
주의 위엄 전하리

· Maloon du Plessis
· 다드림 선교단 번역
♩=72
G   Am7/G   G
주의 위엄 전하리 — 주의 높으신
Am7   Am7/D   D7   Bm   E7   Am7
이름 선포 하리 — 영광 중에 통치하며 승리
D7   G   Em7   Am7   D7   G
하신 주능력 온 땅에나타났 — 네외-치리
Am7   Am7/D   D7
— 주의전 능함 — 높-이 리 — 거룩한
D/G G   Am7
이름 — 노래하리 — 그존귀와 영광
Am7/D   D7   G
— 주보좌 앞에우 리 경배하 네 —

기약이 이르면 하나님이 그의
나타나심을 보이시리니
하나님은 복되시고
홀로 한 분이신 능하신 자이며
만왕의 왕이시며
만주의 주시요

딤전 (6:15)

229
아버지 내삶의 모든 것

. Andy Pork
· 예수전도단 번역
♩ = 66
1. 아 버지 내삶의 모든 것 되신 주
2. 예 수님 내삶의 가장 귀한 분
나의 소 망 나의참 기쁨
순 결 하 고 친 절하신 주
사 랑 합 니 다 사 랑 합 니 다
내기 쁨 되 신 나의 주 —

230
나의 예수님

· 시 18:1
· 조금 느리게
· 최대성
나의사 랑 나의생 명 나의 예수님 —
영원토 록 정성다 해 사 랑합니 다 —
영원토 록 정성다-해 사-랑합니 다 —
나의 힘되신 여호와여 내가 사-랑합 니 다
영원토 록 정성다해 사랑합니 다 —
영 원 토-록 정성다-해 사-랑합니 다 —

231
새노래로

· 작사·곡 함태숙
새 -노래 로 - 기 -쁨으 로 -
주 의이 름 - 찬 양할지 라
웃 -음으 로 - 큰 -소리 로 모든
리 듬모 든 손 뼉 주 만찬양하 라
찬 -양하 세 왕의왕 하 나 님 구원하
신 어린 양 주님 을 높이 세 —
큰 소리외 쳐 호산나 영 광 을 받으소
서 영원 히 나의주 여 —
Fine
D.C.

나의 힘이 되신 여호와여
내가 주를 사랑하나이다
여호와는 나의 반석이시요 나의
요새시요 나를 건지시는 자시요
나의 하나님이시요
나의 피할 바위시요 나의
방패시요 나의 구원의
뿔이시요 나의
산성이시로다

시 (18:1,2)

232
시편 5편

· 시 5편
· 예수전도단 번역
나의 말에귀- 를 기-울이 사 내 심사를 통촉하
-고 - 부르짖는소리 - 들으 소서- 나
의왕 나-의-하나님 내 가 주께 기도하
니 주 께서-내소-리들으시 - 리 - 오
주 여아침-에-내가기도 - 하고 주께바라리 - 이 다

233
정결한 마음 주시옵소서

· 시 51 : 10-12
· 예수전도단 번역
정 결한맘주시 옵소서- 오 -주님 -
정직한영을 새롭게하소 서 - - 나를
주 님앞-에 서 멀리 하지 마시 고 주의
성 령을 거 두지마옵소 서 - 그
구 원의 기쁨 - 다시 회 복시키 시 고
변치않는맘 내 안에주소 서 -

234
주의 장막이

· 시 84 : 1-3
· 예수전도단 번역
주 의 장 막이 어찌아름 다운 지요 - 내
영 이사모 합 니 - 다 - 내
맘 다하 여 주님 께 찬송 합니다
나 의왕 나 의주 께 -

여호와여
나의 말에 귀를 기울이사
나의 심사를 통촉하소서 나의왕
나의 하나님이여 나의
부르짖는 소리를 들으 소서 내가 주께
기도하나이다 여호와여 아침에
주께서 나의소리를 들으시리니
아침에 내가
주께 기도하고 바라리이다

시 (5 : 1-3)

235

예수 영원히 통치하시네

·시 22 : 27. 28
·장엄하게

·예수전도단 고형원

예 수 예 수 예 - 수 -
왕 의왕 영 원히 통 치 하시네 -
이 - 세상 모 든나라 주 께돌아 와
무 릎꿇고 주 - 앞에 경 배 하 리
그 리 스도 의 나 라 는 영 원 하 며
영 광의 주 예수 다 스 리 네 오 -

237

죄악에서

·임마누엘 번역

죄 악에서우리를구원해주시려 죽임을당하신어린양
께 참 사랑과경배와온맘과힘다해
존귀와 영광과 찬송돌 려
사 망의 권세 이기신예수 이제도 살아 다스리
네 - 능 력과부귀 지혜와 힘 과
존귀와 영광은 다주의 것 -

236

승리하였네

·Daniel Gardner
·예수전도단 번역

승 리하 였네 - 어 린 양의 보 혈로 - - 우린
보 혈의 - 능 력으 로 서 - 리 라
승 리 하 였네 - 어 린 양의 보혈로 - 주
내게 승 리 주 - 셨네 - -

땅의 모든 끝이
여호와를 기억하고 돌아오며
열방의 모든 족속이 주의 앞에 경배하리니
나라는 여호와의 것이요
여호와는
열방의 주재심이로다

시 (22: 27, 28)

238
감사해

감 - 사 해 시험이닥쳐 올 때에
주께서인도 하시니 - 두려움없 네
또 감 사 - 해 교통이찾아 올 때에
주께서지켜 주시니 - 승리하리 라
나의 모든 생활속에 서 주님이 함께하시
니 주님의 성령 나를 인 도하시 리
시험이 나를찾아 올 때주님 지켜주시
리 주님의 성령 - 나를 인 도하시 리 -
라 - 또감사드 리세 - -우리주님의 은혜로
- 받은 구원을 감 사해 -주님을 찬양 해 -

239
전하세 예수

Chris A. Bowater
두란노 번역
눅 4:18
주님의성령 이 나 에게임 하셨 ——네
주나를부르 사 죄 악 과어둠에 ——서
주님의영광 을 꽃 들 도노래하 ——네
내게기름을 부 으사 주 복 음 전케 하시네 -
방황 -하는 영 혼을 구 하라 말씀 하시네 -
각열방들아 일 어나 찬 양 하라주 은혜를 -
— 전하세 예 —— 수 오직 예
— 수 그는 나의구주 상한맘치유하시는 전능 왕승
리의그빛 날인도하 네 나의 주 나의 주 — —

240
할렐루야 주가 다스리네

Author Unknown
예수전도단 번역
할렐 루 야 주가 다스리 네 할렐
루 야 주가 다스리 네 주 는 위대하 시고
큰 일 하셨네 할렐 루 야 주님이 다스리
네 할렐 네 주 네

241
세상향한 발걸음들

· Graham kendrick
· 예수전도단 번역

♩=74

1. 세상향 -한- 발걸음 -들- 불타는사 -랑과 기
(이천년) -전- 빛난횃 -불- 점점커져 -이땅에
(예수님) -의- 능력으 -로- 진리와사 -랑안에

도 소망 넘친 새날 위해 온땅위에 찬양
도 그날 위해 헌신 하는 우리
서 이세 상을 치료 하며 주의

이 2.이천년 속에 타오르 네
사 랑 -전하 세 주의 횃불

들 고 만방에나 - 가세 어둠 깨친 영광의

날 우리하나 되어 찬양소리 높여 비추 세

D.S to 2nd time &al

- 비추 세 - 예수님

세 - 비추 세 - 비추

세 - 비추 세 - (비추)

그 옷과 그 다리에
이름 쓴 것이 있으니 만왕의
왕이요 만주의 주라
하였더라

계 (19:16)

242
예수는 왕

· Tom Ewing, Don Moen
and John Stocker
· 예수전도단 번역

♩=80

예수 는 왕 - 예수는주 - 예수는날

-구원하신 주 -- 예수는왕 - 예수는주

- 예수는날 -구원하신 - 주 왕께만세

- 주께만세 - 날구원 하신 주님께 만

세 -- 왕께 만세 - 주 께 만세

Fime

- 날구원 하신 주님께 만 - 세

강 하 고 능 하신왕 세상모

-든 나라다 -스리시 네 소리높여

찬양해 그는만 -- 유의주- 그

D.C al Fime

는 만 왕의 왕 예수 는 왕

243
왕의왕 주의주

· Jessy Dixon/Randy Scruggs
John W. Thompson
· 두란노 번역

244
기뻐하며 왕께

· David Fellingham
· 두란노 번역

1. 왕의왕 - 주의주 - 하늘과땅 - 과
2. 의로우신 하나님 - 거룩한주 의
모든것지으신 주 영광돌리
이름 높여찬양 하 며 영광돌리
네 주 여호 와 하나님 -
네 주 하나님 통치자 -
귀하신 평강의왕 - 전능의 주
주님의 크신위엄 - 선포하 며
- 영광돌리 네
주 - 께영광 - 주 - 께 영광 -
주 - 께영광 - 전 능하 신 - 주께
영 - 광 -

기뻐 하며 왕께 노래부르리 - 소리
높여 할렐 루야부르리 - 주님
앞에 나와 찬양드리며 - 우리
주님과함 - 께 기뻐하리라 - 나의창조
- 자 나의구원 - 자 가장귀한
나의예수님 - 찬양합니 - 다 나의치료
- 자 나의선한 목자되 - 신주 - 예수
나의 주 찬양하 리 -

245
나 기뻐하리

• Brent Chambers
• 예수전도단 번역
♩=138
나 기뻐하리 - 나 기뻐하리 -
나 기뻐하리 - 나 주 안 - 에 서 - 기뻐하 — 리라 -
- 기뻐하 — 리라 -
1. 원 수가 나를 - 무너뜨 - 리려고 - 내
2. 환 경에 지배 - 를 받지 - 않 고 - 내
마음에 숙 - 삭 - 였 네 내 영이 깨어 - 넘어 지지 않고 나의
팔의 힘과 - 목 - 소 리 는 끼는 감정 - 과 상 관 없이 - 내 마
믿음의 고 - 백이 원수를 - 묶 네
음기뻐하 - 기로 결심을 - 했 네 —

246
주 이름에 합당한 영광을

• 시 29 : 2
• 경쾌하게
• 예수전도단 번역
주 이 름 에 합당한 영광을 돌 리 리 - -
- 주의 거룩 하심 인 해 선포 하오 니
- 그는 평 - 강의 왕 - 빛나는 - 새벽별
- 내가 주 - 님을 경 - 배 해 - - -

247
다 와서 찬양해

• Very lively
• Patricia Morgan
• 두란노 번역
다 와 서 찬 양 해 - 사랑 을 주 신 주
찬 양 해 - 사랑 의 우 리 주 - 님 -
- 생명 주셨 네 - - 소 리 쳐
찬 양 해 - 기쁨 을 주 시 는 우리 왕 -
찬양 의 제 사 드 리 며 - - 주 님 께 경배
해 - 다 와 서 찬 양 해 -
찬 양 해 - 찬 양 해 - 주 님
1. 찬 양 해 - 주 님 우 리 왕 - -
2. 찬 양 해 - 주 님 우 리 왕 - -

248
나의 주님을 찬양합니다

작사·곡 정지홍
나의 주님을 찬양합니
다 인자가 되신 나의 주님 -
나의 입술로 찬양합니
다 왕의 왕 되신 주님찬양 -
생명이 되신 주 소망이 되신
주 나의 창조자 되신 주님 -
찬송과 존귀와 - 영광과 능력을
- 나의 주님께 돌리세 -

온 땅이여 여호와께 노래하며
그 구원을 날마다
선포할지어다 그 영광을
열방 중에 그 기이한 행적을 만민 중에
선포할지어다 여호와는 광대하시니
극진히 찬양할 것이요
모든 신보다 경외할 것임이요

대상 (16 : 23 - 25)

249
주님의 영광 나타나셨네

주 님의 - 영광 - 나타 나 셨네 - 권
능 으로 임 하 - 셨 네 - 죽
음 에서 날 - 살 리 신 주 성령 - 놀
라 우 신 주 하 나 님 - 할렐
루 야 주의 나라가 - - - - 할렐
눈먼 자 눈 - 눈을 뜨 - 며
루 야 임하 소 - 서 - - -
- - 저는 자 는 - 걷게되리 -
나 는 선포 하 리 만 왕의 왕 예 수
주 의나 라 임 하 시 네 -

250
오주여 나의 마음이

· 시 57:7.8, 시108:1.2
· 경쾌하게
오주여 나의마 - 음 이 주께로 정 해졌으
니 나 - 는 주 찬 양 하 리라 -
깨어라 나의영 - 혼 아 비파와 수 금들 - 어라
- 이새벽 에 내가 - 찬 양 하 리라 -
ME - LO DY (MELO-DY) ME - LO - DY (MELO
JE - - SUS (JE-SUS) JE - - SUS (JE -
DY) JE - SUS IS (JESUS IS -) MY MELODY -
SUS)

251
호산나 I

· 두란노 번역
4. 호 산 - 나 호 산 - 나 호 산 나 높은 곳에 서 호
2. 영 - 광 영 - 광 왕 의왕께 영광 을
산 - 나 호 산 - 나 호 산나 높은 곳에 서
영 - 광 영 - 광 왕 의왕께 영광 을
주 의이름 높여 - 다찬양 하라 -
귀하신주 나의 하 나님 호 산 나 높이 외치 세
주 님께 영광 돌리 세

252
호산나 III

· Stephen Hah
· 두란노 번역
호 산 - 나 호 산 - 나 호 산 나 높이 외 치세 호
산 - 나 호 산 - 나 호 산 나 높이 외치 세
영 - 광 영 - 광 왕 의왕께 영 광을
영 - 광 영 - 광 왕 의왕께 영광 을

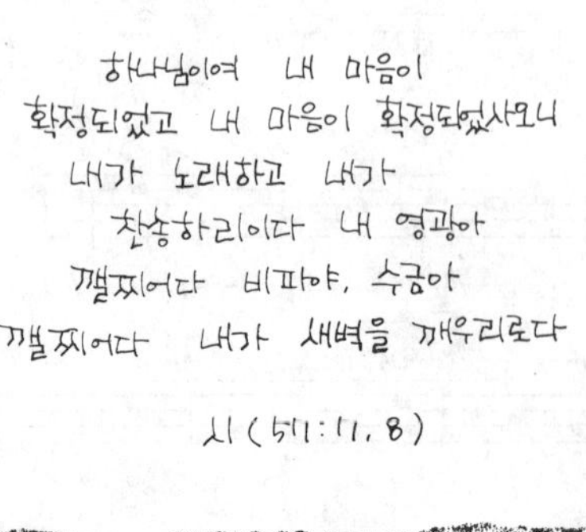

하나님이여 내 마음이
확정되었고 내 마음이 확정되었사오니
내가 노래하고 내가
찬송하리이다 내 영광아
깰찌어다 비파야, 수금아
깰찌어다 내가 새벽을 깨우리로다

시 (57:11, 8)

253
우리함께 모여

우리함께모여 - 주의이름찬 양
우리함께모여 - 주를부르세 -
- 위대 한 일행하 셨 네 우리소 망충만해
- 우리함께모여 - 주의이름찬 양 -

254
이스라엘 하나님 찬양

· 예수전도단 번역
이스라엘 하나님찬 양 - 그 백성
돌아보셨 -네 - 놀 라우신 능력의구세
주 세우사 - - 참자유 주셨 - - 네 -
예 수 이름찬양 - - 항 상동일
- -하고 변치않는 -주- 위대하신 - -하나
님의구원 - - 참자유 주셨 - 네 -

255
주우리 아버지

주 우리아 - 버지 우 리는 그분의자 녀
예수우리 -형제 손에 손잡고하나되어함께걸어가 리
주 께 찬송 해 탬버 린으로
주 께 찬송 해 손뼉 쳐
주 께 찬송 해 춤을 추면서
주 께 찬송 해 -목소리 로 랄랄 라
라라라라라랄라 랄 라 라 라랄라라 -라 랄랄라
라랄라라 랄라 랄랄랄랄 랄 라라 라라랄 라 -

이스라엘의 두령이
그를 영솔하였고 백성이 즐거이
헌신하였으니 여호와를 찬송하라
너희 왕들아 들으라 방백들아
귀를 기울이라 나 곧 내가
여호와를 노래할 것이요 이스라엘의
하나님 여호와를 찬송하리로다

삿 (5 : 2 - 3)

256
그리 아니하실지라도

257
그날이 도적같이

·단 3:16-18
·롬 8:28
·다드림 선교단 안성진
그 리- 아니하실지라 도 감 사 해 요
그 리- 아니하실지라 도 사 랑 해 요
주님 뜻을 믿기 때문이죠 -
협력 해서 선을 이루어요 -
언 제나 나를 향-한 신실 한사랑 -
우리를향한 그 크신사 랑 -
우 리가 함께높이여 주를 찬양 해 -
할렐루야 하 나 님께영광 -
·작사·곡 김민식
그 날이 도적같 이 이 를 줄
평강의 하나님 이 너 희 를
너희 는 모 르 느 냐 -
거룩 하 게 하시 고 -
늘깨어 있으라 - 잠 들 지 말 아 라
온 몸과 영혼이 - 주 오실 그 날에-
주님 과 동 행 하 라
흠없 기 원 하노 라
항상기 뻐 하라 - 쉬지말고 기 도 하라-
이는예수 안 에서 - 너희에게 향 - 하신
범 사에 감 사 하 라 -
하 나 님 뜻 이니 라 -

우리가 알거니와 하나님을 사랑하는 자 곧
그 뜻대로 부르심을 입은 자들에게는 모든
것이 합력하여
선을 이루느니라

롬 (8:28)

258
주의 이름은 강하고 견고한 망대

· Unknown
· 예수전도단 번역

주의 이름은 강하고 견고한 망대 주
의 이름은 내영혼의 안식처 주
의 이름은 의지 할수있는 기둥의
인 우 달려 가리 주 이름 안으로의
인 우 달려 가서 안전하 리

여호와의 이름은
견고한 망대라 의인은
그리로 달려가서
안전함을 얻느니라

잠 (18:10)

259
승리관 쓰신 주님

· John Sellers
· 예수전도단 번역

승리관쓰 신주님-의 로 만물다 스리네-
승리관쓰 신주님-모 든만물불 드시네-
권능-과 영광으로 통-치 하시네
온 땅-과 하늘의 주 -되시-네
만 유 의 주 님 -
만 유 의 주 님 -

260
승리 나에게 주셨네

· 작사·곡 천민찬

*승 리- 승 리- 나 에게주셨 네 -
승 리- 승 리- 나 에게주셨 네 -
* 생명, 기쁨, 자유, 능력

261
우리 주예수님께서

· 작사 · 곡 정종원

우리 주예수님께서 - 우-리에게 승리 주셨네
- 죄-와사망 권세 이기고 - 승리를 주셨네 —
우리 - 주예수님께서 - 우-리에게 자유 주셨네
- 억-눌렸던 모든 짐을 벗 -겨자유주셨네 —
외치 - 세 우리 주- 예수 - 다스리시네
- 선포하 세 우리 주- 예수 - 통치하시네
- 그는 주의주 왕의왕 능력의구세 주 - 예수
-(예수!)우리 주 예수님께서 - 우-리에게 능력 주셨네
- 모-든원수 무찌르려 크 -신능력주셨네

262
선포하라 II

· 나광호 사, 한정수 곡

선포-하 라 주-예-수-를
찬양-하 라 주-의-이름
Fine
왕되신우리-주- 그이름-송-축해 찬양
받기-합당한- 예수를높이 라-
영원한우리-왕- 그이름-찬-란 해
존귀하고-뛰어난--주-의-이름
D·C

263
나를 사랑하는 주님

· 작사 · 곡 정종원

1.나-를사랑하는 주님   나-를기뻐하는 주님
2.내-가사랑하는 주님   내-가기뻐하는 주님
나-와동행하는 주님 주님- 나 높이리 라-
내-가자랑하는 주님 주님- 나 높이리 라-
나-를사랑하는 주님   나-를기뻐하는 주님
내-가사랑하는 주님   내-가기뻐하는 주님
나-와동행하는 주님 주님- 나높이리라-
내-가자랑하는 주님 주님- 나높이리라-

264
주를 높이리라

kirk and Deby Dearman
예수전도단 번역
♩=100
G   F/G   C/G D/G   G C/D
주 를 높이 - 리라 하 늘 높 - 이
G   F/G   C/G D/G   G C/D
모 든 것 위에높임을 받 으 소 - 서
G   F/G   C/G D/G   G C/D
내 가 어 디서 - 무엇 - 을 하 든 - 지
G   F/G   C/E
세 상 이 주를알도록 주를 높 이
Dsus D   G   F/G
리   주님은 강한용 — 사 -
C/G   D G C/D G   F/G
빛의옷 - 을입고   어둠을 물리치 - 고 -
C/G   D G C/D G   F/G
우 릴 인 - 도 하네   예수의 - 보 혈로 우
C/G   D G   G   F/G
리 승 리 - 하리 —   모든 것 위에높임을 높
C/E   Dsus   D
임을 받 - 으 소   서 —

여호와여
주의 능력으로
높임을 받으소서 우리가 주의 권능을
노래하고 칭송하겠나이다
시 (21:13)

265
문들아 머리 들어라

♩=88
G   D   C   G   D   G G7
문 들아머리들 - 어 라들릴 지어다영원한문들아 영광
C   G 3 B7 Em   C   D   1.G   2.G
의 왕들어가시도록 영광의 왕 들어가 - 신 다 문 다
G   D   Em   C   G   D
영광의 왕 뉘 시뇨 강 하고 능하신 주 로다 -
G   B7   C   A   C   D7   G
전쟁에 능 하신 주시라 다 찬양 위대하 - 신 왕
G   D   E   C   G   D
왕 께 만 세   왕 께 만 - 세 -
G   D   Em   C   D7   G
당 신은 영광의 왕 이라 다 찬양 위대하 - 신 왕

266
일어나라 찬양을 드리라

경쾌하게
Mel Ray
예수전도단 번역
G C D G   C   D D7
일 어 나라찬 양을드리라우릴 구 원하신 주 께 일
G C D G   D7   G G7
어 나라찬 양 을드리라우릴 구 원하신 주   께
C   G   D7 G   C   G   D7   G
마음 열고주 님앞 에기뻐해 마음 열고주 님앞 에기뻐해
C   G   D7 G   C   G   D7   G
마음 열고주 님앞 에 기뻐해 주님 은 우리 왕 -

267
우리 모두 노래합시다
·작사·곡 최인혁
1. 우리 모두 노래합시다 - 세상 모든 근심 가진 사람
2. 우리 모두 기도합시다 - 세상 모든 걱정 가진 사람
들 도 - 주님 앞에두손들고노래 하는 이 시간 세상
들 도 - 주님 앞에무릎꿇고기도 하는 이 시간 세상
모든근심 사라지겠 네. 네. 세상엔
모든걱정 사라지겠 네.
많은 고통과 - 많은 근심 있지요 -사람 들은 이일로 -눈물
지며살아요 -우리 주님 안에는 - 참된 기쁨 이 있네 - 나를
구원 하신그사 랑이 넘치네 - 우리 모두 찬양합 시다
- 세상 모든 슬픔가진 사람 들도- 주님
앞에 손뼉 치며 찬양 하는 이시간 세상
모든슬픔 사라 지겠 네

268
주님처럼 어디서나
·작사·곡 정종원
입술로만 - 주의이름 부르는 - 찬송을 원 - 치않으며 - -늘
주님같은 - - 큰 확신 을 담기원합니 다 -
입술로만 - 주의이름 부르는 - 간구를 원 - 치않으며 - -늘
주님같은 - 진실한 소원 을 품기 원합니 다 -
살아계신 - 하나님 아버지여 -천지의 주재시여 -기도하신 주님처럼-
어디서나 - 무엇을 행하든지 - 그믿음 갖 -게하소서 -

하나님이여
나를 긍휼히 여기시고
나를 긍휼히 여기소서 내 영혼이
주께로 피하되 주의 날개
그늘 아래서 이 재앙이
지나기까지 피하리이다

시 (57 : 1)

269
주님 한분 만으로

·작사·곡 박철순
주님 한분 만으로- 나는 만족- 해- 나의 모든것되신- 주님
찬양- 해- 나의 영원한생명- 되신 예수- 님- 목
소리높-여찬양 해 주님 의크신 사랑찬-양해- 나의
힘과 능력-이 되신-주- 나의 모든삶- 변화
되었-네- 크신 주의사랑 찬양 해

270
주의 인자하심을

·작사·곡 정종원
주의 인자하심을- 주의 성실하심을- 감사하리라- - 주의
광대하심을- 주의 전능하심을- 찬양하리라- - 주의
그 크신 사 랑을 감사드리 세 주의
높 으신 이 름을 찬양드리 세

271
주의 인자하심이 I

·시 63:3.4
·정종원 곡
주의인자-하심이 생명보다- 나으 므로 내-입술은
주 를 찬양 주의인자- 하심이 생명보다- 나으
므로 내입술은주 찬 양- 이러므 로 -내평생
에 주 를 -송축하 여 주의
이 름으로- 인 하여 내숲을 들리-라-
- (들리-라-)주의인자- 하심이 생명보다- 나으
므로 내-입술은 주 를 찬양 주의인자- 하심이
생명보다- 나으 므로 내입술은주 찬양-

주의 인자가 생명보다 나으므로
내 입술이 주를 찬양할
것이라 이러므로
내 평생에 주를 송축하며 주의
이름으로 인하여 내 숲을 들리이다

시 (63 : 3, 4)

272
여호와여

· 대상 29:11-13
· 박명섭 곡
여 호와여 - 광대하심 - 과 - 권 능과영 - 광과이김과위엄이 다
주의것 - 다 주의것 - 주는높으 - 사만유 - 의머 - 리 부와
귀 - 가 - 다주의것 - 주는높으 - 사만유 - 의주 - 재 - 모
든자를 - 크게 하시고 - 모든자 를 강하게하 - 심 이 주
의손에 - 있 나이다 - 주의 권세 - 와 능력을 찬 - 양 여호
와여 - 내가감사 - 하 며 주의이름을 - 찬양주는 만유 - 의
주 - 재 여호 와여 - 내가감사 - 하 며 주의이름을 - 찬양주
는 만유 - 의 주 여호 주 - 모든
권세가 - 주 의손에 - 있 나 - 이다 - - 크신
능 력이 - 주 의손에 - 있 나 - 이다 - -

273
들어오라 지성소로

히 10:19
보통으로
John Sellers
예수전도단 번역

들어오라지성소로 - 오 - 라 - 어린양의 보혈로써 -
찬양하며 주님앞에 - 나 - 와 - 보좌앞에 경배하세 -
왕의 - 왕 주께 - 거룩 - 한 - 손 들 고
경 배해 - 주 님께 -
경 배해 - 주 님께 -

275
나는 찬양하리라

Terri MarAlmon
두란노 번역

나는 찬양하리 라 주 - 님 그 이름찬
리 주 - 께 영 광의 이
양 예 - 수 크신 주 이름 나 찬 양 하리
라 나는 찬양하리 라 주 - 님 그 이름찬
나는 영광돌리 리 주 - 께 영광의 이
양 예 - 수 크신 주 이름 나 찬 양 하리
라 - 나는영광돌리 리 -
Fime

274
고개들어

예수전도단 번역

고 개 들 어 주 를 맞이 해
엎 드리어 경 배하며 찬 (찬양주님께영 광) 양!
왕 의 위 엄 을 신 령과 진 정 한
찬 양으로 영 광돌려 만왕의 왕 께!

그러므로
형제들아 우리가 예수의
피를 힘입어
성소에 들어갈
담력을
얻었나니

히(10:19)

276
하나님 어린양

277
주님 큰 영광 받으소서

♩=87
·Chris A. Bowater
·두란노 번역

하 나 님 - 어 린 양 - 독 생 자 - 예 - 수 -
날 위해 - 죽 으 신 - 주 님 - - 주흘리
신 - 그 보 혈 이 - 나의 죄 를 - 정결케 하 네 - 내
영 을 - 고 치 시 네 송 축 하 리 라
- 화 목 케 하 신 주 - 나 의 모 든 죄 - 깨
끗 케 하 - 셨 네 - 송 축 하 리 라
- 귀 하 신 어 린 양 - 모 두 절 하 고 - 모
두 외 치 리 라 - -
Last time
♩=110
·Chris A. Bowater
·두란노 번역

주 님 큰 영광 받 - 으 소 서 - 홀 로 찬 양 받 으 - 소
서 모 든 이 름 위 에 - 뛰 어 난 그 이 름 - 온
땅 과 하 - 늘 이 다 찬 - 양 해 겸 손 하 - 게 우 리 무 - 릎
꿇 고 - - 주 이 름 앞 에 - 영 광 돌 - 리 세 모
두 절 하 세 - 독 생 자 예 - 수 - 주 님 께 - - 찬 양 드 - 리
리 모 든 영 광 과 존 귀 와 능 력 -
받 으 소 서 - 받 으 소 서 - 그 리 스 도
살 아 계 신 - 하 나 님 -

큰 음성이 가로되 죽임을 당하신 어린 양이
능력과 부와 지혜와 힘과 존귀와
영광과 찬송을 받으시기에
합당하도다 하더라

계 (5:12)

278
모든 존귀와

·작사·곡 정종원
모 든 존귀와 -영광을 - 주 님께돌리세- 모든
존귀와 -영광을 - 주님께돌리세 - 모든존귀와 -영광을 - 주
님께돌리세 ─── 주 님 께돌 리 세

279
예수 이름 높이리라

·작사·곡 정종원
예수 이 름 -높이 리 라 - 예수
이 름 -찬-양 해 - 예수
이 름 -높이 리 라 - 예수
이 름 -찬 양 해 -

280
주 여호와는 광대하시도다

·Steve McEwan
·두란노 번역
주 여호 와는 광대 하시 도
다 그 거룩한하나 님 성에 - 서 찬
양할 지 - 어 다 - (piano)
주 승리 우리에 -게주 -셨 ─도다
- 모 든원수 물리 -치 - -셨네
- 엎 드려 절 -하세 -
다 주의크 -신이 -름높이
며 우 리 에게 -행하 -신 위대
한일감 -사하 -세 오 주의신 -실하 -신그사 랑온
땅과하 -늘위 -에 -계셔 홀로 영원하신 -이름 ─ ──

281
거룩한 성전에 거하시며

282
찬양하리라

· Walt Harrah
· 여수전도단 번역
♩=72
1. 거 룩 한 성전에거 하 시 며 하
2. 오 아 름다운주의 영 ─ 광 승
3. 거 룩 한 성전에계 신 ─ 주 우
늘 보 좌 에 계 신 ─ 주 죽 주죽
리 의 함 성 들 리 ─ 느 네
리 주 님 앞 에 서 서 ─ 이
가 뻐 푸 신 모 든 사 랑 우 우주
임 당 하 신 어 린 양 께
전 의 성 도 들 과 함 께 주
1. Esus E
리 찬 양 을 주 님 께
리 큰 소 리 외 치 오
보 좌 앞 에 엎 드
2. E
며 려 찬 양 알 렐 루 야 알 렐 루 야
알 렐 루 ─ 야 찬 양 알 렐 루 야
D.C al Fine
알 렐 루 야 알 렐 루 ─ 야

· Chris A. Bowater
· 두란노 번역
♩=92
찬 양 하 리 라 ─ 이 스 라 엘 의
하 ─ 나 님 ─ 하 ─ 나 님 ─ 위 대 한 일 행 하 셨 네
─ 찬 양 하 세 주 의 이 름 ─ 찬
양 하 세 주 의 이 름 ─ 주 의 영 광 온
땅 에 가 득 해 주 의 영 광 온 땅 에 가 득 해 주 의
영 광 온 땅 에 가 득 해 아 멘 ─ 아
멘 ─ 아 멘 ─ ─

여호와의 인자하심과 인생에게 행하신
기이한 일을 인하여 그를
찬송할찌로다 감사제를 드리며 노래하여
그 행사를 선포할찌로다
시 (107 : 21, 22)

283
호산나 II

· Todd Dettygrove
· 예수전도단 번역
· 힘있게
호 산 - 나 - 호 산 - 나 - 왕 되 신 주 님
께 - 호 께 광 대하신주 - 찬 양 - 다
시 사신왕께 - 찬 양 - 지 존하신 - 주 를 찬양경
배를드리세 지 존하신 - 주 를 찬양경
배를드리세 세 - 호 산 - 나 - 호
산 - 나 - 왕 되 신 주 님 께 - 찬 께
2. 찬양을 드리네 왕되신 주님께
3. 사랑을 드리네 왕되신 주님께

284
하나님 아버지

· 작사 · 곡 정종원
하나님 아버지 어린양 예수님
보혜사 성령님 주를 찬양합니 다
하나님 아버지 어린양 예수님
보혜사 성령님 주를 경배합니 다 -
아 바 아버지하 나 님 - 주의
능력 - 주의 사랑 - 주를 찬 - 양
거 룩 하신주하 나 님 - 삼위
일체 - 주의 영광 - 주를 경배합니 다

앞에서 가고 뒤에서 따르는 무리가 소리질러 가로되 호산나
다윗의 자손이여 찬송하리로다 주의 이름으로
오시는 이여 가장 높은 곳에서
호산나 하더라
마 (21:9)

285
예수 우리 왕이여

· Paul Kyle
· 예수전도단 번역
· 장엄하게

예 수 - 우리 왕이여 -
이곳 에 오소 서 -
보 좌로 - 주 여임 - 하사 -
찬 양을 받아 주소 서 -
주님을 찬 양 하 오 니
주님을 경 - 배 하 오 니
왕이신 예 수여 오 셔 서 좌정
하사 다스리 소 서 -

286
온맘으로 송축하리

· Chris A. Bowater
· 두란노 번역

온맘 으로 송축 하리 생명 다해 주섬
기리 나의 힘 나의 맘 내 모 든 것드려 - 주
경 배 경배 해내삶을 드려 주께 경배 경배드 - 리
리 - 내삶을 드려 주께 경배경배드 - 리 리

내 영혼아 여호와를 송축하라
내 속에 있는 것들아 다 그 성호를 송축하라
내 영혼아 여호와를 송축하며
그 모든 은택을 잊지 말찌어다
시 (103 : 1 - 3)

287
내가 만민중에
· 시 157:9-11
· 시 108:3-5
· With Steady Strength
· B. chamber
· 예수전도단 번역
내가 만민중에 오 - 주께 감사하 - 며 주님을 찬양하리 열방중
에 - 서 - 주의 인자는 커서 커서 하늘에 미치 - 고 주의
진리는 넓은 궁창에 이르나 니 - 하늘 위에 주 - 는 - 높이들
리 며 주의 영광은 온 세계위 - - 에 - 하늘 영광은 온
세계위 - - 에 - 내가 영광 은 주의 영광 - 은 주의
영광은 온 세계위 - - 에 -

288
비추소서
· Graham kendrick
· 두란노 번역
♩ = 112
주님 당신은 사 랑의 - 빛 어둠 가운데 비 추 소 - 서
세상의 빛 예수 우리를 비추사 당신의 진리로 우 리를 자유케
비 추 소 서 우 리 위 에
비 추 소 서 - 주 님 의 영 광 온 땅 위에
부 으 소 서 - 내게 성 령의 불 을
넘 치 소 서 - 은혜 와 긍휼을 열 방 중에
전 하 소 서 - 빛 되 신 주의 말 씀

여호와여 내가 만민 중에서 주께 감사하고
열방 중에서 주를 찬양하오리니 대저 주의 인자하심이 하늘 위에
광대하시며 주의 진실은 궁창에 미치나이다
하나님이여 주는 하늘 위에 높이
들리시며 주의 영광이 온 세계 위에
높으시기를 원하나이다
시 (108: 3-5)

289

비전

♩ = 78
•예수전도단 고형원
A   Amaj7   D
우리 보 좌앞에 모 였네 함께주를찬양 - 하
A   D   E C#   F#m D
며 하 나님의사랑그 아들주셨네 그 의피로우린
Bm   E   A   Amaj7
구원받았 네 십자 가 에서쏟으신그 사 랑
D   E   A   D   E
강 같이온땅에 - 흘 러 각 나라와죽 속 백
C#   F#m D   Bm   Esus E7
성 방언에서 구원받고주 경배 드리 네
A2   F#m7   D2
구 원하심이보 좌에앉으 신 우 리하나님과 어
Bm   E A2   F#m7
린 양께있도다 구 원 하심이보 좌에 앉으신 우
D2   Bm   E   A
리하나님과 어 린양 께 있 도 다

이 일 후에 내가 보니 각 나라와
족속과 백성과 방언에서 아무라도
능히 셀 수 없는 큰 무리가
흰 옷을 입고
손에 종려 가지를 들고 보좌
앞과 어린 양 앞에 서서 큰 소리로
외쳐 가로되
구원하심이 보좌에 앉으신
우리 하나님과 어린 양에게 있다 하니

계 (7 : 9 - 10)

290

선포하라 I

•Noel and Tricia Richards
•두란노 번역
♩ = 84
A   D   Esus4 E   D/A   A
선 포 하 라 부 활하신영 광 의주
선 포 하 라 부 활하신영 광 의주
A   D   Esus   D/A   A
아 름 다 운 영광의주 를 보라
하 나 님 과 화 목 하게 하 신주
A   Dsus9 D E   A E/G#
보 좌에앉으 신 그 어린양예 수
찬 송과존귀 와 영광과능 력을
F#m7   Dsus D E   E7   A D A
다무릎꿇고 서 주경배 하리 라 -
영원영원토 록 받아주옵소 서 -

291

보좌에 계신 하나님

•Adrain Howard and Pat Turner
•두란노 번역
Asus2   E/G#   F#11 A/E D A/C#
보 좌 에계신 - 하나 님 그 의 어린 양
주 께 구속된 - 우리 들 한 마 음과 한
D E/C#   A   E/G#   F#11 A/E
예 수 구원하 - 셨 네 -
뜻 으로 선 포하 - 리 라 -
D   A/C#   D   A/C#F# C   D/F#
찬 양영광 - 지 혜감사 존 귀 - 와힘과 - 능
Esus4 E   A   E/A   D   F#m E
력 - 하 나님께 영 원히 - 영원 - 히
A   E/A   D   F#m E A   E/A
하 나님께 영 원히 - 영원 - 히 하 나님께 영
D   F#m E A   E/A D/F# D E A
원히 - 영원히아 - 멘 - - -

292
오라 우리가 II

오 라 우 리 가 주 께 노 래 하 며
구 원 의 반 석 을 향 하 여 즐 거 이 부 르 자
우 리 가 감 사 함 으 로 그 앞 에 나 가 며
서 로 그 를 향 하 여 즐 거 이 부 르 자
여 호 와 는 크 신 하 나 님 이 시 요
모 든 신 위 에 크 신 왕 이 로 다
우 리 가 굽 혀 경 배 하 며 여 호 와 께 무 릎 을 꿇 자
우 리 가 오 늘 - 그 음 성 듣 기 원 하 네

293
오 주님 나 주님을

·작사·곡 정종원

오 주님 - 나 주님을 - 더욱 깊이 알기 - 원합니다 - 또
알려주기 - 원합니다 - 주 님의 크심을 -
오 주님 - 나 주님을 - 더욱 사 랑 하기 - 원합니다 - 또
오 주님 - 나 주님을 - 더욱 닮 아 가기 - 원합니다 - 또
전해주기 - 원합니다 - 그 사랑의 깊이를 - -
나타내기 - 원합니다 - 그 아들의 모습을 - -
우 리 위해 분 - 부 하 - 신 참 - 뜻 - -
우 리 위해 약 - 속 하 - 신 축 - 복 - -
주 님의 계획은 - 너무도 크셔라 - -

여호와여 광대하심과 권능과 영광과
이김과 위엄이 다 주께 속하였사오니 천지에
있는 것이 다 주의 것이로소이다 여호와여 주권도 주께
속하였사오니 주는 높으사 만유의 머리심이니이다

대상 (29 : 11)

294
주의 아름다움은
· Mark Altrogge
· 예수전도단 번역

주의 아름다-움은 말로 다 형
언할수- 없고 - 주 님의 그 놀라우심
-은 다 표현할수가없 네 - 누가
그 지혜를깨 - 닫 - 고 누가
깊 은 사랑 측량할 까 - 보좌
에 앉으-신주의위 엄 아름 다우신 - 주님
- 내가 주를-경외 함으로 주님 앞에-홀 로
섭니다 - 찬양 받으시 기 합당 한거
룩 하신 주 님

295
나의 백성이
· Tom and Robin Brooks
· 예수전도단 번역

1. 나의 백성-이 다 겸비하여 내게기도 하 면- 나의
2. 무릎 꿇 -고 다 겸비하여 주께기도 하 리 - 주의
얼굴-을 구하여서 그 악한길 떠 나 면
얼굴-을 구하여서 그 악한길 떠 나 리
하늘에 서듣 -고 죄를 사 하 며
주님의 자비 -로 죄를 사 하 며
그 - 들 의땅 -을 고 치 리 라 아
주님의 자비 - 로 임 하 소 서
버 지역 - 고 쳐 주 소서 -
이 나라 주 의 것 되게 하 소 - 서 주
하 나님 간 절히 기 도 하 오니 - 상
한 이땅 새 롭게 하 - 소 - 서 -

내 이름으로 일컫는 내 백성이 그
악한 길에서 떠나 스스로 겸비하고 기도하여 내 얼굴을 구하면
내가 하늘에서 듣고 그 죄를 사하고 그 땅을 고칠찌라
대하 (7:14)

296
오직 주만이

· 이 유정 곡
나의영혼이 - 잠잠히 하나님만바람이여 -
나의영혼이 - 간절히 여호와를갈망하며 -
나의구원이 - 그에게서 나 - 는 도 다
나의입술이 - 여호와를 찬 - 양 하 리
나의영혼아 - 잠잠히 하나님만 - 바라라 -
나의영혼이 - 즐거이 여호와를따르리니 -
나의소망이 - 저에게서 나 - 는 도 다 오직
나의평생에 - 여호와를 송 - 축 하 리
주만이 - 나의 반 - 석 - 나의 구 - 원 - 이시 니 오직
주만이 - 나의 산 - 성 내가요동치아니하 리
Fime
나의구원나의 영 광 하나님께있으 니 내
힘의 - 반 석과 - 피난처되 - 시 네 - 오직
D·S

297
너의 하나님 여호와가

· 스바냐 3:17
· 예수전도단 김진호
너의하나님 여호와 가 너의가운데 계시 니 -
그 는구원을 베 푸실전능자 전 능 자시 - 라 -
그 가너로 인하여기 쁨을 이 기지 못하시 며 -
너 를잠 잠 - 히 사 랑 하 시 - 며 ____
즐거이 부르며기 뻐 기뻐 하시리 라 -

너의 하나님 여호와가 너의 가운데 계시니 그는 구원을
베푸실 전능자시라 그가 너로 인하여 기쁨을 이기지 못하여
하시여 너를 잠잠히 사랑하시여
너로 인하여 즐거이 부르며 기뻐하시리라 하리라

습 (3 : 17)

298
주의 신을 내가 떠나 II

·류주숙 곡

299
가라 너희는

· Leon Patillo
· 예수전도단 번역

♩. = 40

주 의 신을 내가 떠나 어디 로 가 며 주
앞 에서 - 어 디 - 로 피 하 리 이 까 내가
하 늘에 - 올라 가 도 거기 계 시 며 음
부에 - 자리를 펼지라도 - 거기 계 - 시 니 이 - 다 내가
새벽 날개를 치 며 - 바다 끝에 거할지라 도 - 주의
손 이 나를인도 하시며 - 나 를 붙드시리 라 내가
새 벽 날개를치 며 - 바다 끝에 거할지라 도 - 주의
손이나의길을 인도하시며 나 를 붙드시리 라

1. 가 라 너희는 모두 족속에게 가라 가라
2. 날 사 랑하면 날 - 사 랑하면 내양 먹 -
가라 - 가 서 가 르쳐 제 자 삼 으 라 가라 가라
이라 - 날 사 랑하면 날 사 랑 하면 내양 먹 -
가 라 아 버 지와 아 들 과
이 라
성 령 의이름으로 세 례를 - 주 라
가라 - 가 라 - 가 라 -

내가 주의 신을 떠나 어디로 가며 주의 앞에서 어디로 피하리이까
내가 하늘에 올라갈찌라도 거기 계시며
음부에 내 자리를 펼찌라도 거기 계시니이다
내가 새벽 날개를 치며 바다 끝에 가서 거할찌라도 곧
거기서도 주의 손이 나를 인도하며
주의 오른손이 나를 붙드시리이다.

시 (139 : 7 - 10)

300
오직 예수님

·작사·곡 정종원

예수만이 참길이라면 서 / 그 길만을 걷는 자적으며
예수만이 참생명이라 며 / 소중하게 모신 자적으며
예수만이 참진리 라면 서
예수만이 참구주 라면 서

그 기쁨을 말한 자적다네 - / 그 사랑을 전한 자적다네 -

예수만이 - 나에게 - 길과 진리 되셨 네 -

참생명 -이 되심 을 - 나는 말할 수 있네 -

우리 모두 - 진실하게 - 주님 앞에 - 나아가세 -

진심으로 - 함께 고백해 - 오직 오직 예수 님

만방의 족속들아
영광과 권능을 여호와께 돌릴찌어다
여호와께 돌릴찌어다
여호와의 이름에 합당한 영광을
그에게 돌릴찌어다
예물을 가지고 그 앞에
들어갈찌어다 아름답고 거룩한 것으로
여호와께 경배할찌어다

대상(16 : 28, 29)

301
만방의 족속들아

·대상 16 : 28. 29
·시편 29 : 1-3
·정종원 작곡

1. 만방의 족속들아 영광과 권능을 - 만방의 족속들아
2. 권능 있는 자들아 거룩한 옷입고 - 권능 있는 자들아

영광과 권능을 - 여호와께 돌릴 찌어다
거룩한 옷입고 - 여호와께 경배할 찌어다

여호 와께 돌릴 찌어다 -
여호 와께 경배할 찌어다 -

302
오 하나님 온 땅위에

·장엄하게
·Doug Bergsma
·예수전도단 번역

오 하나님 온땅 위에워 - 대하신 주 - 이름 오
하나님 온땅 위에워 - 대하신 주 - 이름 찬
양 과 영광을 -주 님께 거 룩 하신 - 주 이름 찬양 존
귀 와 영광 주님께 영 광을 돌 리세 -

303
형제여 우리 모두 다함께

• 작사.곡 정종원
형제여-우리 모두다함께- 주님을-높이 부르세
자매여-우리 손을 내밀어- 주님께-사랑 드리세
주님은-우리 모 일때 늘 임하 시 는주 맘과
뜻-다해-주를 높-이세- 주님은 기 뻐 하시 네, 오
주님을찬양- 주님을찬양- 우리주님을-찬양 해
주 님을 주 님을 주 님을 찬 양
주님을찬양- 주님을찬양- 우리주님을-찬양 해
주 님을 주 님을 주 님을 찬 양

왕이신 나의
하나님이여 내가 주를 높이고
영원히 주의 이름을
송축하리이다

시 (145:1)

304
평강의 왕이요 I

• 시 145:1
• 조금 느리게
• Jennifer Randolph
• 예수전도단 번역
평강의 왕이요 - 자비의 - 하나님
만군의(만군 의) 주시요 - (주시 요) 다시오 실
영원하신 왕 - 주를 찬 -양 주님을 찬 -양 온땅
위에높-으신- 주를 모든 만물찬양 주를 찬 -양 주님을
찬 -양 나의 여 호 와께찬 양

305
그 이름 예수

• Jason Daniel
• 다드림 선교단 번역
그이름 예 수 예 -수 — 슬 픔없으- 리 상한
맘 을고치시고옥문 활짝여셨네 그의 구원능력영원하여 라 —

306
찬양하라

작사·곡 정종원
찬양하라 - 내 영혼아 - 내 속에 있는 모든것들아 -
거룩하신 - 네 주님을 - 찬 양하라 - 내 영혼아 -
찬양하라 - 내 영혼아 - 내 속에 있는 모든 것들아 -
전능하신 - 네 주님을 - 너 찬양하라 - 너 바라보라 - 내 영혼아 -
- 주 를 찬양하 - 라 주 를 기뻐하 - 라 주
를 바라보 - 라 내속에있는것 - 들아 - 주 를 찬양하 - 라 주
를 기뻐하 - 라 주 를 바라 보라 -

밤에 여호와의 집에
섰는 여호와의 모든 종들아
여호와를 송축하라
성소를 향하여 너희 손을 들고
여호와를 송축하라

시 (134 : 1, 2)

307
찬양찬양 I

· 작사·곡 정종원
찬양 - 찬양 - 전능 하신주 - 찬양 해
찬양 - 찬양 - 전능 하신주 - 찬양 해
모 든 만물 들을 - 창조 하신 주님 -
홀 로 왕이 되신 - 영원 하신 주님 -
모 든 나라 들을 - 다 스 리시 네 -
힘 써 경배 하리 - 거룩 하신 주 -
Fine
D·C

308
찬양찬양 II

· Mike Herron
· 두란노 번역
With energy
찬 - 양 찬 - 양 소 리높여
주께 찬양 - 그 는 영
광 - 의 - 주 그 는 만 왕의 왕
나를 구 속 하 시 었 - 네
내 영혼 찬양 해 해

309
찬양하세

· Danny Reed
· 두란노 번역
· Brightly
A(G)   Bm(Am)
찬 양하 세 -   찬 양하 세 -
D/E(C)   1.E(D)   A(G)
왕께 소 리높 - 여 찬 양드 - 리세 -
2.E(D)   A(G)   G/A(F)
찬 양하세 찬 양드 - 리 세   찬 양밤
D(c)   E/D(D)   C#(Bm)   F#(Em)
기 에 합 당 하신 주 님 - 언
Bm(Am)   E(D)   A(G)   G/A(F)
제 나 동 일하신 주 - 무릎
D(c)   E/D(D)   C#(Bm)   F#(E)
꿇 고 서 주이름 외 치 세 예수
Bm(Am) A/c(G)   D(C)   Bm(Am) A/c(G)   D(C)
나 의 왕 예수 나 의 왕 예수
Bm(Am) A/c#(G)   D(C)   D/E(C)   A(G)
나 의 왕 아 멘 -

310
머리들라 문들아

· Graham. kendrick
· 두란노 번역
A
1. 머 리들 라 문들 아 너희영
2. 죽음에 서 사셨네 모든권
E   1.A   2.A
원 - 한문들 아 머리들 아 영광
세 - 이기셨 네 죽음에 네 하늘
A   D   A   E   F#   E   A   D   A
의 왕들 어 가 시네 - 영광 의 왕들 어
높 이 주임 하 시네 - 너희 문을 넓게
E   A   D   A   E   E
가 시네 - 영광 의 왕들 어 가 시네 - 영광
열 어라 - 하늘 높 이주임 하 시네 - 너희
A   D   A   E   A
의 왕들 어 가 시네 -
문 을넓게 열 어라 -

문들아 너희 머리를 들찌어다
영원한 문들아 들릴찌어다
영광의 왕이
들어 가시리로다
영광의 왕이 뉘시뇨
강하고 능한
여호와시요
전쟁에 능한 여호와시로다

시 (24 : 7.8)

311
영광의 주님 찬양하세

312
살아계신 주

예수전도단 번역

•사 / G. O. Webster
•곡 / W. J. Gaither

영 광의 — 주님찬 양 하세 — 모든
영 광 능력 찬송 예수님 께 —
영 광의 — 주님찬 양 하세 — 주의백
성 모두함 께 찬양하 세 — 두 손
을 높이들 고 주이름 찬 양 — 주 귀
와 영광모 두 주예수님 께
영 광의 — 주님찬 양 하세 — 죽으시
고 부활하 신 만왕의 왕 —

주 하 나 님 — 독생자 예 수 —
주 안 에 서 — 거듭난 생 명 —
그 언 제 가 — 주 뵐 때 까 지 —
날 위 하 여 — 오시 었 네 —
도 우 시 는 — 주 의 사 랑 —
주 를 위 해 — 싸 우 리 라 —
내 모 두 죄 — 다 사 하 시 고 —
참 기 쁨 과 — 확 신 가 지 고 —
승 리 의 길 — 멀고험 해 도 —
죽 음 에서 부 활하신 나 의구세 주 —
예 수님의 도 우심을 믿 으며살 리 —
주 님께서 나 의앞길 지 켜주시 리 —
살 아 계신 주 — 나의참 된 소 망 —
걱 정 근 심 — 전 혀없 네 —
사 랑 의 주 내 갈길인 도 하 니 —
내 모 두 삶 에기쁨 늘 충만 하 네 —

나는 감사하는 목소리로 주께
제사를 드리며 나의 서원을 주께
갚겠나이다
구원은 여호와께로서
말미암나이다

욘 (2 : 9)

313
주님을 송축하리

· 느낌을 가지고
· David Campbell
· 예수전도단 번역
주님을 송축 하리- 내입 술 -주를찬
양 나의 눈 -보기원 하네- 주 님얼
굴 주님의 -음성들 기룰- 주님 을 -만져보
기룰-전심으 로 원합 니다- 주 여
- 내 안 에 있 는 모든 것
- 주 송 축 하 리 -
- 거 룩 하 신 주 이 -름
- 송 축 하 리 라 -

314
깨어라 이스라엘

315
유빌라데 우리모두

· Herla Watson
· 두란노 번역
A+7 Dm Gm
깨어라 이스라엘 주님의 진 - 리 네게
너의하 나님 - 모든고 통 에서 너를
주는우 리를 - 택하신 하나님 네모
Dm Asus4 A Dm
자유 주시 네 구원의 날에 - 너의구
구 원 하 시 고 주님의 은혜 - 네게베
든 겻 아 셨 네 주님의 백성 - 다모으
Gm Bb C Dm
원 - 자 시온 에서 오 - 시 네
푸 시네 아름 답게 하 - 시 네 오 할렐
시 - 고 그땅 에 인 도 - 하 네
Dm Gm Dm
루야 - 오할렐 루 - 야 할렐 루 야 주 찬
Asus 4 A Dm Gm
양 오할렐 루야 - 오할렐 루 - 야 할렐
Bb C 1.2. Dm A+7 3. Dm Fine
루 야 주 - 찬 양 너의하
주 늘우 양

· Fred Dunn
Dm Gm A7
Ju-bi-la-te 우 리 모 두 온맘
A7 Dm A7 Dm A7 Dm
다 해 - 주 섬 기세 주께 나와
Gm A7 Dm A7
찬양 하세 그의 전 - 에 - 들 어
Dm D7 Gm C7 F
가 우 리 주 님 선 하 시 고
Gm A7 Dm A7 Dm D7 Gm
인 자 하심 영원 하니 Ju-bi-la-te
C7 F Gm A7 Dm A7 Dm
Ju-bi-la-te Ju-bi-la-te De - o.

여호와의 사자가 기드온에게 나타나 이르되
큰 용사여 여호와께서 너와
함께 계시도다

삿 (6 : 12)

316
저 성벽을 향해

• Craig Terndrup
• 두란노 번역
저 성벽을 향해 전진하라 주님이 우리
대장되신다 저 대장되신 다 주 가 명령하네 강
한 군 사들 아 주 한 군 사들 아
나팔소리 시 온 성에 크 게 울려 거룩 한성에
나 팔소리 시 온 성에 울 — 려 라

317
주께서 전진해온다

• Bonnie Low
• 두란노 번역
주께서 전진 해 온다 그 의 강한 승리 의 군대 — 그의
영 광찬 란 하 게 비 치 — 네 — 찬양
하세 승리 의 노래 주 찬 양 승리 의 찬양 누가
당 할손 가 주 님 의 군 — 대 우리
대장되신구주 예 수 나 주 님의뒤 따 르 면 누가
당 할손 가 주 님의 군 대 — 우리 대

318
주님과 담대히

• Dale Garratt
• 예수전도단 번역
주 님 과 — 담대히나아가 — 원수 를 — 완전히 밟아 이겨 승리
3rd time to cadd♦
를 — 외치며 찬양하세 — 그리스도 나의 왕 승
리 — 를 주신 하나님 백 성 — 구원했 네 말
repeat twice
쑴 — 으로무 찌르니 — 온 세상 일어나 보리 주님
왕 그리스도 나의 왕 그리스도 나의 왕 헤이!

죄를 짓는 자는
마귀에게 속하나니 마귀는
처음부터 범죄함이니라 하나님의
아들이
나타나신 것은
마귀의 일을 멸하려 하심이니라

요일 (3:8)

319
경배와 사랑드리네

· Ge Baas
· 예수전도단 번역
· 조금 느리게
경배 와 사랑드 리네 왕 되신 주 (왕-되신
주)주 경배 와 사랑드 리네 왕 되신 주 (왕-되신
주)주 우린 주 만 따라 가 리우 리 함께 주 따 - 라가리우린
주만따라 가 리 왕 되신 주 (왕-되신 주)-

320
글로리아

· Stephen Hah
· 두란노 번역
글로 리 - 아 글로 리 - 아
아 바 아 바 아 버 지 —
아 바 아 바 아 버 지

주께서 나의 슬픔을 변하여 춤이
되게 하시며 나의 베옷을
벗기고 기쁨으로 띠 띠우셨나이다 이는
잠잠치 아니하고 내 영광으로 주를
찬송케 하심이니 여호와 나의 하나님이여
내가 주께 영영히 감사하리이다

시 (30:11,12)

321
내슬픔 춤이 되게 하고

· 시 30:11, 12
· 생기있게
· Bruce Bremner
· 예수전도단 번역
내슬픔 춤이 되게 하고 내베옷 벗겨 - 기 쁨으
로 나의 영광주 를 찬송하리라 - - 오 -
내가영영히 감사하 리 라 - - -

322
성령님 이곳에 오소서

· 두란노 번역
성 령님 이 곳 에 오 - 소 서
부 드 러운 바람 처럼 잔 잔 하게
한 없 이 넘 치 는 능 력 으로
성 령 님 오 - 소 서 —

323
온 땅이여 주를 찬양

· 두란노 번역
온 땅이여 주를 찬양 - 날마 다주를 찬양하세 - - 주
의 기사와 주의 영광 - 온땅 에널리알려졌네 위
대 하신 주 그의 힘과 - 위 엄을 기
뻐 하 - 라 주의 다스 리 - 심 - 을

325
기뻐 찬양해

· Russell L. Lowe
· 두란노 번역
기 뻐 찬양해 - 주 님 안에서 -
소 리치며두손높이 들고 - 기 뻐 찬양해 - 주
님 안에서 - 구 원 의주님 - 기뻐찬 양 - 해 기
양 - 해 왕되 - 신주께 - 영 광돌리세 우 리 - 는
주 님 - 의 백성 - 이니 함께모여 다기 양 - 해

324
그는 여호와

· 두란노 번역
1. 그 는 여 호 - 와 창조의 하나님 그는여
2. 지 존 의 하나님 아브라함의 하나님 여호와
3. 여호와 이 - 레 그는 나의 공급자 구원의
호 와 전능의 하나님 길르앗의 향료요 반석의
살 롬 평강의 하나님 이스라엘의 하나님 영원한
하 나 님 구주의 하나님 아들을 보내어 그를증거
1.2 하나님 그는여 호 와 치 료의하 - 나 님
3. 하셨네
찬양 - 하 세 할렐 - 루 야 찬양 -
하세 오 - 할렐 루 야 그는여 호 - 와 전능의
하나님 그는여 호 와 치 료의하 - 나 님 -

여호와께 감사하며
그 이름을 불러 아뢰며 그
행사를 만민중에 알게
할찌어다 그에게 노래하며
그를 찬양하며 그의
모든 기사를 말할찌어다 그 성호를
자랑하라 무릇 여호와를 구하는
자는 마음이 즐거울찌로다

시 (105 : 1 - 3)

326
기쁨으로 주께 외치세

· Russell L. Lowe
· 예수전도단 번역
기쁨으로주 께외치세 찬양받기합당하신주
영 으로노래하여 손뼉치며 오, 위대하신주찬양
존 귀 존 귀 존 귀하신주찬양
할 렐 루 야 오, 위대하신주찬양

327
너 시온아

· Robert Gay
· 두란노 번역
너 시 온 아 주를 찬양 하여라 너의 입술로 하나님
찬양해 찬 양 하라 주의 깃발흔들며 영원
히 주를찬 양 해 우 리는 주님의
택 한백 성 하 나 님의 제 사 장
만 왕 의 왕께 찬 양 하 라영 원 하신하 나
님 영 원 하신하 나 님

328
들으라 이스라엘

· Bob fitts
· 예수전도단 번역
들으 라이스라엘너 의하나님 은 한분 할렐루
야 들으라이스라엘너 의하나님 은
한분 할렐루 야 주님을 사 랑하여
라 네온맘 과 네힘다 해
왕께영광 모든영광 여호와를기뻐하
라 라 주님은나 의
구원자 목소리높여 찬 양 주님은나 의
구세주 목 소리높여 선포 하리
한분 할 렐 루 야

이스라엘아 들으라
우리 하나님 여호와는 오직
하나인 여호와시니 너는 마음을
다하고 성품을 다하고
힘을 다하여 네 하나님
여호와를 사랑하라

신 (6:4,5)

329
들어주소서

· 예수전도단 정운경
Am   Dm   G   C
들 어주소 - 서   나 -의주 - 여 내
Am   G   C   Dm   B7
영 - 의소 원을 - 살 피소 서 -
Am   C   F   E7
주 가주신 나의 이 생명 주 뜻대로 이끄 사
F   G B7 Am E7   Am
1. 어 두워진이 - 세 상에   한 빛되게 하소 서
2. 썩 어가는이 - 세 상에   소 금되게 하소 서

330
온땅이여

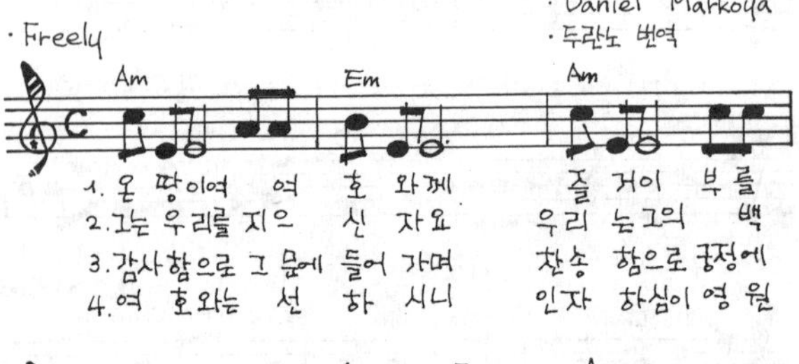
· Freely
· Daniel Markoya
· 두란노 번역
Am   Em   Am
1. 온 땅이여 여 호 와께   즐 거이 부를
2. 그는 우리를지으 신 자요   우리 는그의 백
3. 감사함으로 그 문에 들어 가며   찬송 함으로 궁정에
4. 여 호와는 선 하시니   인자 하심이 영 원
Em7   Am   Em   Am
찌 어다 그 앞 에 나갈찌어 다   ─
성 이요 그의 기르 시는 양이로 다   ─
들 어가 그이름 송 축하리 라   ─
하 - 고 그 성 실히크 도 다   ─

Am   Em
─ 오 - 할 렐루야 할 렐루야
G   G/A
할 렐루 - 야 ── 할 렐루야

Em   G   Am
할 렐루야 할 렐루 - 야 ─── ─

331
감사하며

· Nima Lee Hopper
· 두란노 번역
· ♩. = 60
Am   Em7   Am   Em   Am
감사하며 그문에들어 가 주님을 찬 양합 - 니 다
Em7   Am   Em   Am
찬송하며 궁전에들어 가 주이름송 축합 - 니다 다
Em   Am   Em
기 뻐하라 빛되신아버지께다 기뻐하라 우리창조주께 다
Em   Am   Em
기뻐하라 구원의하나님께다   기뻐하라 영원영 - 원
Am
히 ──────

332
사랑의 기 높이들고

· Richard Gillard
· 두란노 번역
Am   F   G   Am
사 랑 의기높이 -들 고 할렐루야 나 팔을 울려
G   F   G   Am   F   G
라   주가주신승 리 찬양할렐루야 여리고무너지
1. Am Fine 2. Am   C   G   D   Am
리 사 리   우 리는강한 주의 군 - 대
                선 포하라 주의 십자가
F   G   Am   Em   C   D
싸 움을이기 고   감 힌자자유 케
죽 음을이기 고   부활 하신영광 의
Am   F   G   Am   D.C al Fime
하 - 네 주예 수 의이름 - 으 로   사
주예수 어둠권세이기 - 셨 네   사

▪축▪복▪과▪평▪안▪

평안을 너희에게 끼치노니

곧 나의 평안을 너희에게 주노라

내가 너희에게 주는 것은 세상이 주는 것 같지 아니하니라

너희는 마음에 근심도 말고

두려워하지도 말라

요한복음 14장 27절

333

축복하소서

♩ = 90
· 예수전도단 이천
G   Am   D   G
축 복 하 소 서 -   우 - 리 에게 -
Em   Am   D   1. G
날마다 새롭게 -   태 어나도   록
2. G   Fine   Am   D   G   Bm7
록   주 는 아 버지 - 우 - 리 - 는 주의 자
Em   Am   D   Gmaj7   D.C.
녀   주님 두 팔로 - 안아 주소서 -

너희 안에서 행하시는 이는
하나님이시니 자기의 기쁘신 뜻을 위하여
너희로 소원을 두고 행하게 하시나니

빌 (2:13)

334
만나서 반가와요

· 박미래 사, 이정승 곡
만나서 - 반가와 요 주께서 - 만드신 날
주뜻대로 택하사 이 날을축-복하셨네
형제를 향한 계획 아름답-고 놀라와
자매를 향한 주사랑참 아름답-고 놀라와

능히 너희를 보호하사
거침이 없게 하시고 너희로 그 영광
앞에 흠이 없이 즐거움으로 서게
하실 자 곧 우리 구주
홀로 하나이신 하나님께 우리 주
예수 그리스도로 말미암아
영광과 위엄과
권력과 권세가 만고 전부터
이제와 세세에
있을찌어다 아멘

유 (1 : 25)

335
그들은 모두 주가 필요해

· Phil McHugh 사
· Greg Nelson 곡
· 최덕신 번역
매일스치는 사람들 - 내게무얼 - 원 하나 -
캄캄한 - 세 상에서 - 빛으로부 - 름 받아 -
공허한그 눈 빛은 무엇으로 - 채우나
잃어버린 자 들과 나누라 고 - 하시네
모두자기 고통과 - 두려움 가 득
주의사랑 으로만 - 사랑할수 있 네
감춰진 울 음소리 - 주님들으시 네
우리가 나 놓을때 - 그들알겠 네
그들은 모 두 주가필요 해
깨지고 상 한 마음 주가여시 네 -
그들은 모 두 주가필요 해
모두 알 게 되리 사랑의 주 님

336
당신을 향한 노래
·작사 천태혁
·작곡 진 경
아주 먼옛 날 - 하늘에서 는 -
당신을 향한 - 계획 있었 죠 -
하나 님께 서 - 바라 보시 며 -
좋았더 라 고 - 말씀 하셨네 - -
이세상 그무엇 보다 - 귀하게 - 나의 손으로 창조 하였 노라 - -
내가 너로 인하여 기 뻐 하노라 - 내가 너를 사 랑 하 노 라 -
사 랑 해 요 - 축 복 해 요 -
당신의 마음 에 우리의 - - 사랑을 드 려 요 -
337
주 안에서
·작사·곡 유상렬
·함춘호 편곡
Andante
이 시간 - 이 곳에 모 인 사 람들 - 우리
주 안 에서 서로 사랑 해요 - 마 음을 - 열 고 서
주를 찬 양해 - 이 - 곳에 주님 사랑 넘 치리 -
주 안에서 - 우리들 은 늘하나 마음 다 하여 - 우리들
은 늘찬 양 언제 나 주안에서 사랑 합시다 - 주님
께 영광 찬 - 양 -

여러 사람의 말이 우리에게 선을 보일 자
누구뇨 하오니 여호와여 주의 얼굴을 들어 우리에게
비추소서 주께서 내 마음에 두신 기쁨은
저희의 곡식과 새 포도주의 풍성할 때보다 더하나이다
시 (4:6,7)

338
그대는 주님 보내신

·작사·곡 최인혁
그 대는- 주님보 내신- 나의 가장 귀한선 물
그 대는- 하늘로 부터- 내려 진 귀한선 물
그 대는- 밝아오는 새벽인양 싱그런 사랑으로
전해오네- 때로그대 지쳐 두 눈에눈물 지을때-
그대 손잡고 주 의 길 함께하리 -
그대는- 주님보 내신- 아름 다운 사랑의 편 지
그대는- 주님보 내신- 예- 쁜 사랑의하모 니

평안을 너희에게 끼치노니
곧 나의 평안을 너희에게 주노라
내가 너희에게 주는 것은
세상이 주는 것
같지 아니하니라
너희는 마음에 근심도 말고
두려워하지도 말라

요 (14:27)

339
사랑의 주님이

사랑 의 주님 이 날사 랑 하시 네
내모 습 이대 로- 받으셨 네 -
사랑 의 주님 이 날사 랑 하듯 이
나도 널 사랑 하며- 섬기 리 -

340
우리모두 다함께

·최덕신 곡
1. 우리 모두다함께-친 구가되어요-알고 보면모두 좋은사람
2. 우리 눈 --모두- 약하기 때문에- 잘- 못도 많이 저-지르
예요- 그러 나다 들 지쳐 있기때문 에 - 아 름
지요- 우리 가서로 용서 하지않으 면 - 아-
답게만은 보이지않 지요 -- 일에 지쳐있는 당신
무도 살아 갈수없잖아요 -- 자- 이제손을 잡 아
도 사람 에게 실 망한- 당신 도 옆의
요 그리 고서로 이해- 합시 다 우 리앞
사람얼굴바 라보아 요 그리 고미 소지어 보세 요
에있는진실 바라보 고 서로 믿- 으며살 아- 요

341
위로하여라

· 예수전도단 김미연
위 로 하 여라 - 네 - 가아 플 때 - - 내가
너를 위로 - 했 - 듯이 - 눈 물 닦아 주 어라
- 네 가 울 때 - - 내가 네 눈물 닦 - 아 - 졌듯
이 사 랑 은 나 - 로 말 미 암 는 은 총 -
사 랑 은 나로 말미 암는 선 - 물 사 랑 은 나 - 로
말미 암는 은 총 - 사 랑 하 라 - 사 랑 하 라 - -

343
너는 시냇가에

· 시 1 : 3
· 예수전도단 박윤호
너 - 눈 시 냇가 에 심 - 은 - 나 무 라 하나
주의 시 절을 좇 아 구원 열 매맺 으 면 주의
님 의 사랑 안 에 믿음 뿌 리 내리 고 주의
영 화 로운 빛 - 너를 보 호하리 니 주의
뜻 대 로 주의 뜻 대 로 항 - 상 살리 라

오직 나는
하나님의 집에 있는
푸른 감람나무 같음이여
하나님의 인자하심을
영영히 의지하리로다

시 (52 : 8)

342
평안을 너에게

· 요 14 : 27
· keith Routledge
· 다드림 선교단 번역
1. 평안 을 너에 게 주노 라 - 세상
이 줄 - 수 없 - 는 - 세상 이 알수
도 없는 평 - 안 평 - 안
평 - 안 평안을 네 게 주노 라 -

344
넌 하나님의 집에 있는

넌 하나님의 집에있는 푸른 감람 나 무 -
넌 하나님의 집에있는 푸른 감람 - 나 무 -
하 나님 의 인 자하심을 영 원히 의지하 라 -
하 나님 의 신 실하심을 영원히 의지하 라 -

345
예수 사랑

· 예수전도단 번역
예 수 사 랑 - 나 의 사 랑
내 맘 속 에 넘 쳐 형제를 사 랑 해 -
자매를

346
우리에게 향하신

· 시 117:2
· 예수전도단 김진호
우 리에게향하 신 여 호와의인자 하심이
우 리에게향하 신 여 호와의진실 하심이
크 고 크 도다 크 시도 다 —
영 원 영 - 원 영원하시도 다 —
크 고 크 도다 크 시도 다
영 원 영 - 원 영원하시도 다

347
주가 만드신 이 날을

· Charles F. Brown
주 가 만 드신 - 이 날 을 노래 - 해 -
주 가 만 드신 - 이 날 을 축 하해 -
주 날 사 랑 하심 알아 - 요 - 이날을
노 래 해 축하 - 해 요 -

348
주가 주신 이날은

· 이성국 사, 곽경선 곡
주가주신 이 날은 - 당신에 게 축 복 이어 - 라
이 날은 축 - 복 -
- 축복 - 축복 - 축 복 이어 - 라 -
주 님이 너 에게사 랑 을 주셨 - 네 -
축복 - 축복 - 축 복 이어 - 라 -
축 - 복 오 축복 이어 - 라 - -

우리에게 향하신 여호와의 인자하심이
크고 진실하심이 영원 함이로다 할렐루야

시 (117 : 2)

349
주는 평화

엡 2:14, 벧전 5:7
· 보통으로

· Kandy Groves
· 다드림 선교단 번역

주 는 평 화 막힌 담을 모두 허셨 네

- 주 는 평 화 - 우리 의 평 화

- 우리 의 평 화 염 려 다 말 기라

- 주가 돌보 시 니 - 주 는 평 화

- 우리 의 평 화 - 우리 의 평 화 -

이제는 전에
멀리 있던 너희가
그리스도 예수 안에서
그리스도의 피로 가까와졌느니라
그는 우리의 화평이신지라
둘로 하나를 만드사 중간에
막힌 담을 허시고

엡 (2:13, 14)

350
사랑의 노래

· Moderato

· 작사 곡 유상렬

나 에게 당신은 - 주님 께서 베푸 신 사랑의 노

래 아 침을 비추는 - 밝아 오는 해처 럼 빛 나는 기 -

쁨 우 리는 서로 - 마음 으로 하나 된 위 로의 손

길 당 신은 언제나 - 아름 다운 꽃처 럼 향 기를 주 -

네 절망 과 아픔 근심 우릴 흔들 어도 기도 눈 위로 - 와 힘이 되리

니 때때 로 넘어짐은 우리 주님께서 사랑을 완성케 함이

라 내 맘 속에 - 한가지 - 간 절한 소망은 - - 당

신과 영원히 - 주님 노 래 하는 - 것 - 언제 - 나 - 항상 - 우

(2nd time to Coda)

리의 맘속에 - 주 님 사랑 - 늘 거 하 시리 -

D.S

절망 님 사랑 - 늘 거 하 시리 -

주 님이 - 주 - 신 기쁨의 선 - 물

사랑의 노 - 래 - -

351
우리안에 사랑을

· Dave Bilbrough
· 다드림 선교단 번역
우 리 안 에 사 - 랑을 우리눈 에 사 랑
을 이나라 휩 쓸 - 도록 채우소 서 - 오주
님 진실한 형 제 의 사랑 새롭게알 게 하소
서 우리안 에 사 - 랑을 사 - 랑 을 -

352
주님 사랑 온누리에

· 작사·곡 채한성
주 님의사랑이 - 이 곳에 가득하기를 - 기도합 - 니
은총이 -
다. 주 님의평화가 우리들 가운데 - 있기를원합니
기쁨이 -
다. 주 다. 때 로는 지치고 - 때 로는 곤해도 -
주 만을 바라보면 서 - 세 상의고통이 - 내게닥쳐와도 -
주만을 사랑하리라 - - 주 님의축복이 - 이
곳 에 넘쳐나기를 - 원 - 합 - 니 다 주
님의사랑이 - 이 곳에 가득하기를 - 기도합 - 니 다

353
형제의 모습속에

· 작사·곡 박정관
♩=82
형 제의 모습속에 보 이 는
우 리의 모임중에 임 하 신
하 나님 형상 아름 다 와 - 라
하 나님 영광 아름 다 와 - 라
존 귀 한 주의자녀 됐 으니 사랑
존 귀 한 왕이 여기 계 시니 사랑
하 며 섬 기 리

너희 염려를
다 주께 맡겨 버리라
이는 저가 너희를 권고하심이니라

벧전 (5 : 6)

354
날 사랑하신
·작사·곡 박철순

날사랑하신 - 주님의그큰사 랑으로 -
내안에계신 - 예수님의그사 랑으로 -
당신을 사랑합니 다
당신을 축복합니 다 -
나의힘으로 - 당신을 사랑할 - 수없 - 네
나의가진 모 - 든 것 - 으로 당신을축복할 - 수 없 - 지만
주님이주 - 신 - 크고도 놀라우 - 신 그사랑 - 으로
당신을 사랑합니 다 -
당신을 축복합니 다 -

355
누군가 널 위해 기도하네

당신 이 지쳐 서 기도 할수없 고
당신 이 외로 이 홀로 남았을 때
눈물 이 빗물 처럼 - 흘러내릴 때
당신 은 누구 에게 - 위로를얻 나
주님 은 아시 네 당 신 의 약함 을
주님 은 아시 네 당 신 의 마음 을
사랑으 로 - 돌 봐 주 시 네 -
그 대 홀 로 - 있 지 못 함 을 -
누 군 가 널 위 하 여 -
조 용 히 그 대 위 해 -
누 군 가 기 도 하 네 - 네가홀
로 외로워 서 - 마음 이 무너질 때.
누 군 가 널위 해 기 도 하 네 -

이와같이 성령도 우리 연약함을 도우시나니 우리가 마땅히 빌 바를 알지 못하나
오직 성령이 말할 수 없는 탄식으로 우리를 위하여 친히 간구하시느니라
롬 (8 : 26)

356
축복송

· 작사·곡 송정미
때-로는 너의앞에 어려움과 아픔 있지만 당대하
너는택한 족속이요 왕갈은 - 제사장이며 거룩한
게- 주를바라보는 너의 영혼 - 너의영
나라 하나님의소유 - 된 백성 - 너의영
혼 우리볼 때 얼마나 아름다운-지
혼 우리볼 때 얼마나 사랑스러운지
너의영혼 통해 큰 영광받으실
하나님을 찬 양 오할렐루 야.

357
우리

1. 외로움도 견디어나 겠오 바 보 란소릴들어도 좋
2. 우리모두 손을내밀어서 넘 어진형제일으켜주
3. 옆에있는 형제손을 잡고 우 리-모두노래합시
소 - 나 를비웃는 그비웃음 들 - 그
세 - 사 람이살면 한번사는 것 - 걸
다 - 서 로-보며 인사나누 고 - 우
사랑으로 받아주겠 소 - 이 모든것이 힘들다는
음멈추고 생각해보 세 - 시 냇물이 강으로 흘러
리 - 모두 일어납시 다 - 우 리 - 모두 발을구름
것을 당 신은 나에게알려짐 소 당신의
서-저 바다와하나가되듯 이 우리는
시다 이 렇게 모든것이맞을 때 우리는
사랑은 너 무나많고크오 그 래서나는 살아가겠 소
하나요 당 신과 나도하나 우 리는하나 가되야하 오
하나요 당 신과 나도하나 우 리는하나 가되야하 오

358
주님께서 주시는

· kurt kaiser
· 예수전도단 번역
주님께서 주시는 -
그 사랑 놀라워라 -
그의 생명 주-시기까지
널 사랑 하네 날 사랑 하네
너와날 사랑하 네 -

오직 너희는 택하신 족속이요
왕같은 제사장들이요
거룩한 나라요 그의 소유된
백성이니 이는 너희를
어둠을 더나 불러내어 그의 기이한
빛에 들어가게 하신 자의
아름다운 덕을 선전하게
하려 하심이라

벧전 (2:9)

359
우린 주안에 한 가족

우리함께걸어 요 주의인도하심따 라
손을잡고하 나가되어요 주의사랑우 리안에있네
우리서로섬기 며 주의사랑나눌 때
모든사람다 알게되 - 리라 - 우린주의 가족임을 -
우리주안 -에한가족 - 주우릴 하나되 -게했 네
주의사랑 -나누며 서로섬 - 길 -때 주의나라 -이뤄지리 -

360
주님의 그 사랑이

• 이성국 사, 한정수 곡

주 님 의 그 사랑 이 늘 함 께 있 으 라 주
님 의 그 은 총 이 항 상 풍 성 하 여 라 주
님 의 참 소 망 이 언 제 나 넘 쳐 라 주 -
님 의 그 기 쁨 이 영 원 히 네 게 있 으 라
귀한사 -랑 -나에게주신 - 우리주님을 -모두 찬 -양
귀한사 -랑 -내게주신 - 우리주님을 -찬 양 -
주를찬양하 -리 영원히 - 주를높 -이 -리 영원히 -
주를송축하 -리영원히 - 주를기뻐하 -리 영원히 -
Repeat time
to Fade
F.O.
D.S.

361
주의 사랑으로

• 최세인 사, 송정훈 곡

주의사랑 으로 사랑하게 하소서 - -
1. 주 계서 -내게 주신 - 내 가 - 주께 받 았던
2. 내 방법 -다 버리고 - 내 욕심 -모두 버 리고
주 의 사랑으로 사랑하게 하 소서 - -
주 의 사 랑 으 로 -

어느 때나
하나님을 본 사람이 없으되
만일 우리가 서로
사랑하면 하나님이 우리 안에
거하시고 그의 사랑이
우리 안에
온전히 이루느니라

요일 (4 : 12)

362
하나되게 하소서

하나님께서는 - 우리의 만남을
걸네 하늘아버지 사랑안-에서
- 계획해놓셨네 — - 우린하나되 어
- 어디든가리 라 - 주위해서라 면
- 우리는 기 - 다 리며 - 기 - 도
- 무엇이든하리 - 라 - 당신과함 께
- 우리는 하 - 나 되어 - 함 - 께
하네 우리의 삶에 사랑넘치도-록 -

너희 의인들아 여호와를 즐거워하라 찬송은 정직한 자의
마땅히 할 바로다 수금으로 여호와께 감사하고
열 줄 비파로 찬송할찌어다
새 노래로 그를 노래하며 즐거운 소리로
공교히 연주할찌어다

시 (33:1 - 3)

·특·별·찬·양·

너희 권능있는 자들아

영광과 능력을 여호와께 돌리고 돌릴찌어다

여호와의 이름에 합당한 영광을 돌리며

거룩한 옷을 입고 여호와께 경배할찌어다

시편 29편 1~2절

363
낮은자의 하나님

양영금 사, 유상렬 곡
나의가 - 장 - 낮은마 - 음 - 주님께 - 서 - 기뻐하 - 시고
내가지 - 쳐 - 무력할 때 - 주님내 - 게 - 힘이되 - 시고
작은일 - 에 - 큰 기쁨 - 을 - 느끼게하시는도 - 다 -
아름다 - 운 - 하늘나 - 라 - 내맘에주시는도 - 다 -
우리에게 - 축 복 하신 - 하 나 님 사랑 -
낮은자를 - 높 여 주 시고 - -
아름다운 - 하늘 나라 - 허 락 하시고 -
내모든 - 것 - 예비 하 시네 - -
찬양함에 기 쁨을 - 감사함 에 평안을 -
간구함에 하 나님 - 알 도록 - 하 셨 네 -

364

나의 하나님

Andante ♩=69
작사·곡 유상렬
나 의하나님-그 크-신사랑- 나의 마음속에 언제
나 슬픈 눈물 지을때- 나의 힘이되시는 - 나의
영원하신 하나님 - 나의 구원의 반석 - 나의
생명의주인 - 나의 사 - 랑의 노 - 래 실패
하여지칠때-나의 위로되시는 - 나의 하나님을 찬양해
- 세월 이 지나도 변치 않으 리 - 내
가 주를 -사랑하는 마 ─ 음 즐 거운 날이나 - 때론
외 로운 밤이 나 - 험한
슬 픈 날이 나 - 모두 하나님을 사 랑함 시
골 짜 기 라도 - 나의 하나님은 동행하시
다 세 월이 지나도 -비- 바람불어도 - 모두
니 내 영혼 언제나 - 하나 님을 바라며 - 세상
하나님 을 사 랑함 시 다
끝날까 지사랑하 리 라.

365
내 기뻐하는 자

·사 42:1-8
·박명선 곡
1. 내 기뻐하~는 자 —— 나의 택한 자— 나의
2. 내 기뻐하~는 자 —— 나의 택한 자— 내가
신을 —— 네게주었노니 — 너는 세상에-공의-를 - 베
붙드는 — 나의종-이니 - 너는 세상에-자유-를 - 전
풀 - 라 - 공 의 를— - 베 풀 - 라 - 상한
하 - 라 - 자 유 를— - 전 하 - 라 - 소경
갈 대를 - 껶지않으며 -꺼져가는등불 -을 끄지않고 - 진
의 눈을 - -뜨게하며 -어둠에처한자 -에 게 참빛을 - 진
리 -로- 공의-를- 공의를 베 풀 - 라 나는
리 -로- 자유-를- 자유를 전 하 - 라
여호와 - 이는내-이 - 름 이 - 라 - 네
손을잡 -아 -너를보 호하며 - 너를세워 - 세상의빛 되-게
하리라 - 나는 여호와 - -영광의 하나님- 너
를 세워 - 세상의 빛되 - 게 하리 라 - 세
상 - 의 - - 빛 -

366
마 5:3-10

·마 5:3-10
·노기동 곡
C   Dm7   G7   Cmaj7
마음이가난 한자- 천국이저희 것 이요
Am   Dm7   Dm7/G   G7sus4   G7
애-통하는자 복있나니- 위로를받 겠 네
C   Dm7   G7   Cmaj7
온유한자 복 있나니- 저희가땅을언-을 것이요
Am   Am7/G   Dm7/F   F#o   Dm7/G   G7   C
의에주리고 목 마-른자- 저희가배부 르 리
Am   Am7/G   F   G   G7   Cmaj7
긍휼히여기 는 자 는 긍휼히여김을-받 네
Am   Am7/G   Fmaj7   F#o   G7sus4   G7
마음이청결 한 자는- 하-나님 보 네
C   Dm7   G7   Cmaj7
화평케하 는 자는- 하나님아들이-라 불리고
Am   Am7/G   Dm7/F   F#o   Dm7/G   G7   C
의를위하여-핍박 받-은자- 천국이저 희 것

367
어찌하여야

♩ = 66
Andrae Crouch
어 - 찌하여 야 그크 신 은혜 갚 으리
무 - 슨말로 써 그사 랑 - 참감사 하 리요하
늘의 - 천군천사 라도 - 나의마 음 - 모르리 라 나이제
새 소 망이있음 은 - 당신의은 혜 라
하 나 님께 영 광 하 나 님께 영광하
나 님께 영 광 날사 랑 하신 주 그피
로 날구 하 사 죄에 서 건지 셨네하
나 님께 영 광 날사 랑 하신 주 주
바치 리 라 모 두 - 나의일 생을 당신 께 -
세상영 광 명예 도 갈보리로 돌 - 려보 내 리 그피

368

여호와는 나의 반석

곡 박정관
여호와는 나 - 의 반 - 석 나의요 새 - 나를
사망의 줄이 나 - 를 두르고 불의의홍수 가 - 나를
걷 - 지 시는 하 - 나 님
두렵 게 하 - 였 으 며
나의 피할 바 - 위 시 요 나의 방 패 - 나의
지옥의 줄이 나 - 를 두르고 사망의올무 가 - 내게
구 원 나의 산 - 성 나의
이 르 렀 으 - 나
힘이되신 여 - 호 와여 나의주 - 여 -
내가 주 - 를 사 랑 합 니 다 - 내가
찬송받으실여 호 와께 아 뢰리 니 - 원수
환난에서 하 - 나 님께 부르짖었 더 니 주가
들에 계 - 서 구원 얼 으 리
내 - 소 리 들으 셨 도
다 나의 다 주가
내 - 소 - 리 들으 셨 도 다 -

369

영광메들리

•임마누엘 편곡
영광 - 가장높은 곳에 영광 - 전능하신 주
생명의 말씀되신 - 하나님의 어린양께 -
영 광 - 돌 리세 주께 -
영 광 - 영 광 - 영 광 - 영 광 -
영 광 - 영광돌리 - 세 - 주께 -
어린 양 께 - 영 광 을 - 그분은
왕 의 왕 - 그분은 주 의 주 - 그분은
예수 예수 예수 예수 오
─ 그분은 왕 그분은 나
Fine
의 생명 과 능 - 력 이 되시 는 주 - 나
의 소망 이 되 - 시 는 - 구세 - 주 나
의 생명 과 능 - 력 이 되시 는 주 - 나
2nd Time To
의 소망 이 되 - 시 는 - 구세 - 주 - 나는
찬 양 - 하 리 주 - 님 을 - 나의 생명 - 과
힘 을 - 다해 ── 생 명 다 - 하 여 힘
을 다 - 하 여 나 의소 망 되신주 -
D.S.
─ 나 눈 - 구세 - 주 내 주 그분은

370

널 사랑하심

·A. B. Warner
·W. B. Bradbury
♩=72
곡 박명선
사 55:1-3
Solo
Chorus
예수 사랑 하심은 거룩 하신 말일세
우리 들은 약하나 예수 권세 많도다
날 사랑 하심 날 사랑 하심
날 사랑 하심 성 경에 써있 네
너희 목 마른 자들아- 물로 나 아오라- 돈없
눈자도-오라-물 로 나오라- 돈없 -이 -값없 -이 오
라 - 와서 포도주와- 젖을-사 - 라 너희
가 어찌-하여양식아- 닌것을 - 위 하여 배부
르지못한 -것을 위하 여 수고 하느냐- 나를
청종하 -라그리하면 - 너 희 -가- 좋은
것을먹고- 즐거움을 얻으리 라
널 사랑 하심 널 사 랑
하나님께로- 하나님께로-우리 하 나님께 -로 - 나아
하심 널 사 랑 하 심 성
오 -라- 하나님께로- 하나님께로- 우리
경 에 써 있 네 성 경 에
하 나님께 -로오 라 우리 하 나 님께
써 있 네 -
-로- -오 라 -

371
어린양 되신 예수님

· 작사·곡 이유정
1. 이세상 어둠속에 서 죽어가는 모든 영 혼
2. 하나님을 멀리떠 나 대적하는 모든 영 혼
세상을 사랑 - 하는 하나 님 애타게 기다리시 네
우리를 부르시는 하나님 오래 참고 기다리
네 인류의죄 - 를 위하여 - 하늘의영 - 광 버리고
- 이땅에오 - 신 예수 님 우리를구 - 원 하시려
- 멸시와천 - 대당하여 - 어린양되 - 신 예수 - 님 -

372
예수님의 사랑 알까요

· 작사 · 곡 조환곤
C   C7/B   C7/B♭
1. 저 하늘 나라 - 아기 별님 - 예수님의 사랑알
2. 어 느날 밤에 - 기도 하던 - 나의모습 생각이
Dm   D7
까요 - - 저 넓은바다 - 고기들은 -
나요 - - 나 의아픔을 - 아시나요 -
Dm7/C G   C   F   G   Em Am
예수님의 사랑알 까요 - 나무들 노래하며 얘기하는 숲에서
서글프던 나의모 습을 - 의사도 고개젓고 돌아서던 나에게
Dm   G   C   F   G
예수님은 말씀하셨 죠 구름이 지나가면 웃음짓는
예수님은 다가오셨 죠 아픔이 시작되면 고통받던
Em Am Dm   G   C   C7
하늘로 나의마음 날 아가겠 네
나의몸 사랑으로 낮게하셨 죠.
F   G   Em   Am   Dm   G
내영혼이 찬양해요 주님의사 랑 비가오는 거리에서
C C7   F   Em   Am
도 - 아 - 나의맘을 다하여서 주님을찬 양
F   D7   Gsus C   C7   Am
내주님 찬양 해 하늘나라아기별도 찬양 -
Dm   D7   G   C   C7
넓은바다고기들도 찬양 - 모든만물 들은주를
Am   F   Dm   G   C
찬양 - 예수님 의 사 랑

373
평안을

• 작사·곡 이유정
짙은 안개 — 가득 — 하던 — 나의
희 는 마음 — 의근 — 심도 두 려워
아 픈영 — 혼 에 — 한 줄 기비 — 침오는
하 지도 — 말 라 — 세 상 이주 는것과
— 햇살 — 아침 이슬 같은 — 눈빛 — 이세
— 다 른 — 평안 을네게주 — 노 라 이것
상 어느 — 곳에 — 서 — 도 — 바꿀 수 없는 — 보 — 석
을 너에 게이 — 름 은 — 나의 기 쁨을 — 주 고
— 나의 가 장깊 — 은 곳 — 에 — 서 — 들리
— 네안 에 있는 — 이 기 쁨 을 — 가득
는 그분의 — 음 성 — 평안 을네게주 — 노.
케 하려함 — 이 라 —
라 너 라 어둠 가득 한이
— 세 — 상 — 네가 환란을 당 — 해 도 담
대 하라 — 내가세 — 상 — 을 — 이기었노 라
— 이세 상어느 — 무 엇 — 과 — 도 — 바꿀
수 없는 — 보 석 — 이땅 의 모든 — 이 름
인류 의모든 — 죄 — 를
— 위 — 에 — 가장 뛰어나신 — 이 름 — 평화
— 위 — 해 — 자신 의생명을 — 주 신 — 그분
의왕이되 — 신 주 이세 주! 이세 상 어느 — 무 — 엇
은예수꾀 — 스도 주
— 과 — 도 — 바꿀 수 없는 — 보
석 —

374
피난처

경일수 곡
하나님은 - 우리의 피난 처시요 - 힘 이시니 -
환란 중에만날 - 큰 도움이시라 - 하나님은 - 우리의
피난 처시요 - 힘 이시니 - 환란중에만날 - 큰
도움이시라 - 땅이 변하여도 - 산이
흔들려도 - 두려 워 하지아니 하 며
바 다가요동하고 - 앞 길이캄캄해도 두려 워 하지아니 하
리 라 하나님은 - 우리의 피난 처시요 - 힘
이시니 - 환란중에만날 - 큰 도움이시라 -

375
주는 나의

• 시편 27, 63편
• Andante ♩=69
• 유상렬 곡
하나님이시여 하나님이시여 주는 나의 하나님이
시 로다 나의 몸과 마음 주를 갈망하며 이제
내가 주께고백 하는말 여호 와는 - 나의
빛 이요 - 여호 와는 - 나의 구원이시니 내가
누구를 - 두려워 하리요 - 여호 와는 생명의
피난 처 시니 - 주의 인자가 - 생명보다 나으므로 내
입 술이여호와를 찬 양하리 - 내 평생에 - 주를찬양
하며 - 주의 이름으로내손 들리라 -

376
주님의 솜씨

하늘을바라보라 - 드넓은저바다도 - 온세상지으신 - 주
핀꽃을보라 - 하늘을나는새도 - 만물을지으신 - 주
님의솜씨라 - 먹구름이다가와 - 태양을가려도 - 만
님의솜씨라 - 눈보라가닥쳐와 - 온 - 땅을덮어도 - 만
물을주관하시는 - 주님의섭리라 모두 고개를들고 어둠
마음을열어 크신주님의 - 능력을바라보라 - 너
와나지으신 주의 놀라운손길 — 우리다함께 - 주를
찬양 - 해 — 찬양 해 — —
온 하늘과 땅 위의만물아 - 겸손히무릎꿇 고
주의위엄앞에 경배하 라 — 들에
해 — 온 하늘과 땅 위의 만물아 -
겸손히무릎꿇 고 주의위엄앞에 주의위 - 엄 앞에
경 - 배 하 - 라 - 모두 고개를들고 어둠
마음을열어 크신 주님의 - 능력을 바라보라 - 너
와나지으신 주의 놀라운손길 - - 우리다함께 - 주를
찬양 - 해모두 찬양 - 해 — 찬양 해 - -
우리다함께 - 주를 찬 양 해 —

1. 찬양받으시기 합당하신 주님

즐겁게 찬양하라. 하나님 안에서 기운을 내라.
세상이 가장 심하게 으르렁거릴 때, 가장 좋은 시편들을 노래하라.

2. 천국의 경배

입으로 찬양하라. 온몸으로, 온맘으로 찬양하라.
모든 재능과 능력으로 찬양하라. 모든 창조적인 방법으로 찬양하라.

3. 찬양의 모범

오늘 찬양하라. 그 귀하신 얼굴과 그 찔리신 손과 열린 옆구리로 인해 찬양하라.
기쁨으로 천둥처럼 외치라.

4. 새로운 영혼을 위한 새 노래

영원에서 영원으로 찬양하라. 영혼의 깊은 밤에도 노래하라.
절망으로 인해 희망이 사라질 때 찬양하라.
땅과 하늘과 공간과 시간이 감사를 연주하는 찬양의 줄이 되게 하라.

5. 에단의 노래

찬양하라. 아침해가 뜰 때, 이슬이 풀잎 속에서 반짝일 때,
아무런 찬양의 제목이 없을 때 노래하라.
이미 주신 모든 것으로, 그 인자하심의 계획으로 찬양하라.

6. 말할 수 없는 선물을 찬양하라. 

말할 수 없는 선물을 찬양하라.
하늘의 광채를 띠고 승리의 노래를 부르게 하심을 찬양하라.
천국의 창문이 활짝 열려 있음을 기뻐하라.
영원의 집으로 인도하심을 찬양하라.

프레이즈

Index

수록음반 가나다순

가

195 감사드려요 찬미예수 1500 (2), "들어오라 지성소로 3"

130 감사로 제사드리는 자가 "옹기장이 4"

331 감사하며 "전하세 예수 4" 두란노 경배와 찬양, "전하세 예수 Selection 1" 두란노 경배와 찬양

175 감사함으로 "Praise 15" Mranatha, "In His Presence" Hosanna P&W 15, "찬희의 시편찬양" 기쁨찬양 3

238 감사해 "예수 경배와 찬양 6" 은성예수찬양단

118 감사해요 "선한 사람들 1", "임동진 장로 골든 복음성가 1" "코리안 심포니-복음성가 3"

159 강한 용사 "Mighty Warrior" Hosanna P&W 13, "God with Us" Hosanna Integrity, "우리는 주의 백성이오니"
　　예수전도단 5

106 거룩 거룩 거룩 "Hymns Just For You" Sandi Patti, "경배와 찬양 찬송가 2" 두란노 경배와 찬양

206 거룩 거룩 거룩하신 주 Ⅰ "전하세 예수 1" 두란노 경배와 찬양, "Praise 6" 마라나타 싱어즈

104 거룩 거룩 거룩하신 주 Ⅱ "선한 사람들 1"

51 거룩 거룩 만군의 주여 "Praise & Honor" Hosanna P&W 10, "해 뜨는 데부터" 예수전도단 1,"예수 경배와 찬양 2"
　　은성예수찬양단

2, 105 거룩하고 순결한, "전하세 예수 1" 두란노 경배와 찬양

3, 52 거룩하신 주님 "Winds of Worship 2" Vineyard, "We welcome You" Worship Songs of the Vineyard 6,
　　"전하세 예수 8" 두란노 경배와 찬양

4, 181 거룩하신 주 임할 때 "전하세 예수 8", 두란노 경배와 찬양

184 거룩하신 하나님 Ⅰ "I Exalt Thee" Hosanna P&W 6, "전하세 예수 4" 두란노 경배와 찬양

185 거룩하신 하나님 Ⅱ "Give Thanks" Hosanna P&W 7, "Praise 10" Maranatha, "일어나라 빛을 발하라" 주찬양 7,
　　"Worship 주와 같은 분 내겐 없도다" 한사랑 1

146 거룩한 땅에 Ⅰ "All Hail King Jesus" Hosanna P&W 3, "침묵기도 4" 두란노 경배와 찬양

147 거룩한 땅에 Ⅱ "All Hail King Jesus" Hosanna P&W 3, "Holy Ground" Hosanna P&W 59 "침묵기도 4"
　　두란노 경배와 찬양

5, 281 거룩한 성전에 거하시며 "Praise 11" Maranatha, "비전 Vision" 예수전도단 6

6, 207 거룩한 주 하나님 "전하세 예수 8" 두란노 경배와 찬양

7, 182 거룩한 하나님 찬미예수 1000 (2), "있는 모습 그대로", "전하세 예수 8" 두란노 경배와 찬양

319 경배와 사랑드리네 "예수 경배와 찬양 3" 은성예수찬양단

274 고개들어 "All Hail King Jesus" Hosanna P&W 3, "해 뜨는 데부터" 예수전도단 1, "Hosanna 이 땅을 고치소서"
　　주찬양 8, "전하세 예수 3" 두란노 경배와 찬양

79 구원이 하나님과(구원이 하나님께) "우리는 주의 백성이오니" 예수 전도단 5

145 구하라 "전신갑주를 취하라" 주찬양 11, "이성균 4"

257 그날이 도적같이 "코리안 심포니-복음성가 2", "나의 등뒤에서 1" 조윤숙, "알렐루야 6", "찬양 찬양 메들리 2"

324 그는 여호와 "전하세 예수 5" 두란노 경배와 찬양

338 그대는 주님 보내신(주님의 선물) "예수마을 1(For The Faith)", "Love Song 1" 최인혁 김지애

256 그리 아니하실지라도 "우리 소망 이루어질 그날을 위해" 안성진 2

8, 111 그 무엇보다 "Eternal God" Hosanna P&W 34, "전하세 예수 8" 두란노 경배와 찬양

49 그 이름 높도다 "해 뜨는 데부터" 예수전도단 1

305 그 이름 예수 "동행" 이은수, 전혜영 2

320 글로리아 "침묵기도 1" 두란노 경배와 찬양, "예수 경배와 찬양 3" 은성예수찬양단

169 기묘라 모사라 찬미예수 300 (1)

325 기뻐 찬양해 "Steadfast Love" Hosanna P&W 16, "전하세 예수 6" 두란노 경배와 찬양

157 기뻐하며 승리의 노래 "우리는 주의 백성이오니" 예수전도단 5

244 기뻐하며 왕께 "은혜충만 메들리 4", "365 찬양메들리 1", "어린이 찬양과 경배 1" 은성교회 어린이 연합합창단,
    "예수님이 좋아요 2"

314 깨어라 이스라엘 찬미예수 1500 (4), "전하세 예수 7" 두란노 경배와 찬양, "은혜충만 메들리 1"

나

9, 245 나 기뻐하리 "LIVE Worship with Bob Fitts" Maranatha, "지성소" 예수전도단 7

10, 126 나는 믿음으로 "Praise 6" Maranatha, 찬미예수 1500 (2)

128 나는 주를 부르리 "Forever Grateful" Hosanna P&W 18, "지성소" 예수전도단 7

275 나는 찬양하리라 "전하세 예수 7" 두란노 경배와 찬양, "America's Best Praise & Worship"

263 나를 사랑하는 주님 "임마누엘 7", "임정선 골든 찬양 5", "찬양메들리 30곡 모음 2"

350 나에게 당신은(사랑의 노래) "소리엘(Live)", "열려라 에바다" 임정선 Best 2, "With(위드)"

363 나의 가장 낮은 마음(낮은 자의 하나님) "소리엘 1" 장혁재 지명현

148 나의 마음을 "Refiner's Fire" Worship Songs of the Vineyard 10, "Winds of Worship 3" Vineyard,
    "전하세 예수 7" 두란노 경배와 찬양

232 나의 말에 귀를(시편 5편) "Praise 4" Maranatha, "해 뜨는 데부터" 예수전도단 1, "복 있는 사람은" 송정미 2

295 나의 백성이 "Army of God" Hosanna P&W 20, "전하세 예수 6" 두란노 경배와 찬양

230 나의 사랑 나의 생명(나의 예수님) "손영진 찬양모음" 손영진 1

108 나의 안에 계신 주님 "임마누엘 1"

296 나의 영혼이(오직 주만이) "잃어버린 영혼을 향하여" 송정미 1, "사랑" 좋은 씨앗 2

137 나의 주 크고 놀라운 하나님 "Mighty God" Hosanna P&W 25, "God for Us" Hosanna Integrity,
    "들어오라 지성소로 2" 여의도순복음교회 청년선교회 수요 찬양과 경배

364 나의 하나님 "소리엘(Live)", "옹기장이 4"

125 나의 하나님 내 구주를(구속하신 주 찬양) "박종호 최인혁 찬양모음" 예수전도단 4

354 날 사랑하신 "내 영이" 임마누엘 4

109 내가 그리스도와 함께 "최덕신 15Years" 주찬양선교단, "정명옥 2", "임동진 장로 성가 11", "이계복 찬양특집 1"

287 내가 만민중에 "You are My God" Hosanna P&W 9, "전하세 예수 2" 두란노 경배와 찬양, "때가 차매" 예수전도단 3

174 내가 어둠 속에서 "다윗과 요나단 Best", "나의 등뒤에서 2" 조윤숙, "금보다도 귀하다 3", "이성호 1", "찬양메들리 모음집 2"

127 내가 주를 찬송하리 "지성소" 예수전도단 7

110 내게 있는 향유옥합 "손영진 찬양모음" 손영진 1

365 내 기뻐하는 자 "임마누엘 7", "임마누엘 Selection"

205 내 손을 주께 높이(찬송의 옷을 주셨네) "아무것도 염려치 말고" 조건희, "연합찬양집회실황 2"

321 내 슬픔 춤이 되게 하고 "임마누엘 7"

155 내 영이 "임마누엘 4(내 영이)"

Hosanna!

54 내 영혼아 여호와를 송축하라 "I Exalt Thee" Hosanna P&W 6, "전하세 예수 4" 두란노 경배와 찬양

204 내 영혼이 "침묵기도 1" 두란노 경배와 찬양

67 내 이름으로(역대하 7:14) "보라 하나님은" 예수전도단 2

40 내 입술로 "내 입술로" 임마누엘 3

135 내 주는 크고 큰 능력으로 "예수 찬양과 경배" 은성예수찬양단

87 내 주되신 주 "우리가 가야 할 길" 하늘그림 1, "임마누엘 3", "임마누엘 6", "골든합창시리즈 9"

94 내 평생 사는 동안 "To Him Who Sits on the Throne" Hosanna P&W 4,
　　"Worship 주와 같은 분 내겐 없도다" 한사랑 1

343 너는 시냇가에 "코리안 심포니-복음성가 4"

12, 327 너 시온아 "전하세 예수 9" 두란노 경배와 찬양

297 너의 하나님 여호와가 "연합찬양집회실황 2"

102 눈을 들어 영광의 왕을 "You are Here" Worship Songs of the Vineyard 2, "전하세 예수 2" 두란노 경배와 찬양

48 눈을 들어 주를 보라 "Our God is Good-Worshipping Churches" Kingsway, "전하세 예수 5" 두란노 경배와 찬양

60 능력의 이름 예수 "Praise 13" Maranatha, "오 기쁜 소식을 전하는 자여" 주찬양 9

다

247 다 와서 찬양해 "Clear the Road" Spring Harvest 5, "전하세 예수 6" 두란노 경배와 찬양

202 당신은 영광의 왕 "전하세 예수 2" 두란노 경배와 찬양

355 당신이 지쳐서(누군가 널 위해 기도하네) "소리엘", "어부들의 찬양 1", "최미 2(난 예수가 좋다오)",
　　"박종호 베스트 오브", "ICM 복음성가 4", "윤형주 성가모음 3", "최현숙 가스펠 1"

141 두손 들고 찬양합니다 "Blessed Jesus-Worshipping Churches" Kingsway,
　　"Songs of the Bride-Grapevine Celebration" Kingsway, "전하세 예수 7" 두란노 경배와 찬양

273 들어오라 지성소로 "I Exalt Thee" Hosanna P&W 6, "우리는 주의 백성이오니" 예수전도단 5, "예수 경배와 찬양 3"
　　은성예수찬양단

329 들어주소서 "침묵기도 3" 두란노 경배와 찬양, "나의 등뒤에서 3" 김혜복, "알렐루야 9", "전용대 2", "이성호 2",
　　"찬양메들리 모음집 2"

328 들으라 이스라엘 "보라 하나님은" 예수전도단 2

91 때가 차매 "때가 차매" 예수전도단 3, "해 뜨는 데부터" 예수전도단 1

356 때로는 너의 앞에(축복송) "잃어버린 영혼을 향하여" 송정미 1

마

334 만나서 반가와요 "찬희의 생일축하" 기쁨찬양 2

301 만방의 족속들아 "임마누엘 4", "부활 1"

335 매일 스치는 사람들(그들은 모두 주가 필요해) "Steve Green 1" Steve Green, "잃어버린 영혼을 향하여" 송정미 1

14, 310 머리 들라 문들아 Make Way Music, "전하세 예수 9" 두란노 경배와 찬양 , "Join Our Heart" HaertCry Records

13, 61 모두 다 나아와 "He is Exalted" Songs of Fellowship 2, "전하세 예수 9" 두란노 경배와 찬양

217 모든 영광을 하나님께 "보라 하나님은" 예수전도단 2

89 모든 이름 위에 "비전 Vision" 예수전도단 6, "부흥" 예수전도단 8

278 모든 존귀와 "내 영이" 임마누엘 4

57 목마른 사슴 "Praise and Honor" Hosanna P&W 10, "We Draw Near" Hosanna P&W 73,

Hosanna!
Praise

“Praise 8” Maranatha, “전하세 예수 1” 두란노 경배와 찬양, “복 있는 사람은” 송정미 2
265 문들아 머리 들이라 “예수 그리스도”, “Vision” 예수전도단 6

바

124 보라 그날이(주여 오소서) “박종호 최인혁 찬양모음” 예수전도단 4
218 보라 하나님은 “보라 하나님은” 예수 전도단 2
62 보좌에 계신 이와 “때가 차매” 예수전도단 3
291 보좌에 계신 하나님 “Army of God” Hosanna P&W 20, “전하세 예수 7” 두란노 경배와 찬양
219 보좌에 앉으신 “Praise 2.0”
84 복음 들고(주 다스리시네) “America’s Best 25 Favorite Praise & Worship Choruses 1” Brentwood

사

86 사람들은 이해할 수 없네 “박종호 최인혁 찬양모음” 예수전도단
65 사랑스런 그 주의 손길(영원하신 그 사랑) “박종호 최인혁 찬양모음” 예수전도단
332 사랑의 기 높이 들고 “Amazing Love” Hosanna P&W 30, “전하세 예수 7” 두란노 경배와 찬양
224 사랑의 노래 드리네 “Winds of Worship 2” Vineyard, “Isn’t He with Brian Doerksen” Vineyard,
    “전하세 예수 8” 두란노 경배와 찬양
339 사랑의 주님이 “찬희의 생일 축하” 기쁨찬양 2
39 사랑하는 나의 아버지 “I Will Rejoice” Hosanna P&W 11, “Praise 9” Maranatha,
    “전하세 예수 2” 두란노 경배와 찬양, “때가 차매” 예수전도단 3
112 사랑합니다 Ⅰ “다윗과 요나단 5”, “늘 그래왔던 것처럼” JJ, “Forever Love”
15, 222 사랑합니다 Ⅱ “Come Holy Spirit” Worship Songs of the Vineyard 3, “전하세 예수 8” 두란노 경배와 찬양
143 사랑해요 목소리 높여 “Praise 4” Maranatha, “God Can” Hosanna P&W 69, “아카펠라” 박종호,
    “주님 아시지요” 찬양하는 사람들 2
223 사모합니다 “Praise 1” Maranatha, “해 뜨는 데부터” 예수전도단 1
97 사슴이 시냇물을(시편 42편) “큰사랑 인하여” 임마누엘 1
213 살아 계신 하나님 “살아 계신 하나님“ 박종호 1
231 새노래로 “365 찬양 메들리 2”
77 새노래로 주 찬양해 “Glory to the King” Hosanna P&W 5, “우리는 주의 백성이오니” 예수전도단 5
290 선포하라 Ⅰ “Winds of Worship 2” Vineyard, “Praise 13” Maranatha,
    “Come To The Throne” Hosanna P&W 68, “전하세 예수 4” 두란노 경배와 찬양
138 세상권세 멸하시려 “Army of God” Hosanna P&W 20, “Crown Him” Hosanna P&W 39,
    “전하세 예수 1” 두란노 경배와 찬양
1, 241 세상 향한 발걸음들 “King of the Nations Graham Kendrick”, “Men in Worship” Hosanna P&W 63,
    “비전 Vision” 예수전도단 6
164 손을 높이 들고 “어린이 찬양과 경배 1” 은성교회 어린이 연합찬양단
165 손을 잡고서 “Praise Together” 하늘노래
196 송축하리 주의 이름을 “Give Thanks” Hosanna P&W 7, “예수 경배와 찬양 4” 은성예수찬양단
16, 259 승리관 쓰신 주님 “예수 찬양과 경배 5”, “지성소” 예수전도단 7
64 승리관을 쓰신 주님 “Victor’s Crown” Hosanna P&W 28, “예수 경배와 찬양 5” 은성예수찬양단

260 승리 나에게 주셨네 "임마누엘 4"

158 승리의 노래 "예수경배와 찬양 5" 은성예수찬양단, "Worship 주와 같은 분 내겐 없도다" 한사랑 1

236 승리하였네 "지성소" 예수전도단 7, "예수 찬양과 경배" 은성예수찬양단, "프라미스키퍼 시리즈-경건한 자"

아

229 아버지 내 삶의 모든 것 되신 주 찬미예수 1000 (1)

336 아주 먼 옛날(당신을 향한 노래) "비전 Vision" 예수전도단 6, "내게 음악 주신 분" 창문

120 아침에 나로 주의 "주 다스리시네" 임마누엘 2

53 어린양 예수 "주의 보혈 능력 있도다" 복사골 목요찬양 집회실황 1

199 어린양 찬양 "연합찬양집회실황 1"

367 어찌하여야 "America's Best 25 favorite praise & worship choruses 3" Brentwood,
    "유익회 with 소리보기" 호흡이 있는 자 2, "주님 아시지요" 찬양하는 사람들 2

50 언제나 내 모습(주님 내 안에) "다윗과 요나단" Solo 1, "주님 아시지요" 찬양하는 사람들 2

368 여호와는 나의 반석 "위로 Comfort Me, O Lord" 이은수

187 열어주소서 "복음성가 1" 코리안 심포니, "내 안에 있는 그이름" 주찬양 6, "일어나라 빛을 발하라" 주찬양 7

369 영광 가장 높은 곳에(영광메들리) "열린 예배 Worship Best 25", "예수 찬양과 경배 5" 은성예수찬양단

18, 88 영광 영광 어린양 예수 "Vision" 예수전도단

83 영광 영광 왕께 영광을 "Glory to the King" Hosanna P&W 5, "예수경배와 찬양 4" 은성예수찬양단

132 영광의 주 "전하세 예수 1" 두란노 경배와 찬양, "경배와 찬양 Best 25" 두란노 경배와 찬양, "선한 사람들 2",
    "명성가합창곡 Best 3", "햇불합창단성가 2"

311 영광의 주님 찬양하세 "As For My House" Hosanna P&W 58, "Majesty" Hosanna P&W,
    "전하세 예수 1" 두란노 경배와 찬양, "연합찬양집회실황 2"

142 예수 가장 귀한 그 이름 "Praise 4" Maranatha, "Lord of All" Hosanna P&W 21,
    "십대들을 위한 찬양대축제" Cross Life

19, 179 예수는 나의 영광 "내 기뻐하는 자" 임마누엘 7

242 예수는 왕 "Mighty God" Hosanna P&W 25, "비전 Vision" 예수전도단 6, "Worship 2-카도쉬" 한사랑 2

300 예수만이 참길이라면서(오직 예수님) "임마누엘 1"

345 예수 사랑 "전하세 예수 3" 두란노 경배와 찬양

370 예수 사랑하심은(널 사랑하심) "한국 찬송가 대선집", "임마누엘 5"

46 예수 사랑해요 "Hosanna" Worship Songs of the Vineyard 1, "Mighty Warrior" Hosanna P&W 13,
    "전하세 예수 12" 두란노 경배와 찬양, "연합찬양집회실황 1"

211 예수 알렐루야 구주 "침묵기도 1" 두란노 경배와 찬양

235 예수 예수 예수(예수 영원히 통치하시네) "살아 계신 하나님" 박종호 1

285 예수 우리 왕이여 "Revers of Joy" Hosanna P&W 65, "Emmanuel Has Come" Hosanna Integrity,
    "연합찬양집회실황 1", "예수 경배와 찬양 3" 은성예수찬양단, "코리안 심포니 복음성가 1", "목요찬양실황 3"

210 예수의 이름으로 "전하세 예수 6" 두란노 경배와 찬양

279 예수 이름 높이리라 "내 기뻐하는 자" 임마누엘 7

139 예수 이름 찬양 "In His Presence" Hosanna P&W 15, "해 뜨는 데부터" 예수전도단 1,
    "오 기쁜 소식을 전하는 자여" 주찬양 9

114 오 나의 자비로운 주여(Spirit Song) "Draw Me Closer" Worship Songs of the Vineyard 5,

Hosanna!
Praise

“Praise 3” Maranatha, “전하세 예수 3” 두란노 경배와 찬양, “연합찬양집회실황 3”

292 오라 우리가 Ⅱ “낮엔 해처럼 밤엔 달처럼” 최용덕, “예수님이 좋아요 3”, “어린이 찬양마을 3”, “어린이 주찬양 4”, “깨돌이와 찬양하는 아이들 1”

209 오 예수님 “나누고 싶은 이야기” 곽재혁, “박종호 최인혁 찬양모음” 예수전도단, “바디메오 중창단 2”, “365 찬양메들리 3”

293 오 주님 나 주님을 “주 다스리시네” 임마누엘 2

250 오 주여 나의 마음이 “어린이 예수님 찬양 34곡 2”, “은혜충만 메들리 2”, “어린이 주찬양 4”, “예수님이 좋아요 3”

20, 101 오직 예수 “Victor’s Crown” Hosanna P&W 28, “전하세 예수 8” 두란노 경배와 찬양, “지성소” 예수전도단 7

302 오 하나님 온 땅위에 “전하세 예수 3” 두란노 경배와 찬양, “전하세 예수 Selection 1” 두란노 경배와 찬양, “우리는 주의 백성이오니” 예수전도단

194 오 할렐루야 찬미예수 1000 (3), “연합찬양집회실황 4”, “어린이 찬양과 경배 4”, 은성교회 어린이 연합합창단, “어린이 애창복음성가 101곡”

75 온 땅과 만민들아 “전하세 예수 1” 두란노 경배와 찬양

330 온 땅이여 찬미예수 500 (2), “복 있는 사람은” 송정미, “임마누엘 4”, “예수 그리스도(찬양비전)”

323 온 땅이여 주를 찬양 “I AM(A Celebration of Praises)” Maranatha, “전하세 예수 5” 두란노 경배와 찬양

21, 188 온 맘 다해 주 사랑하라 “Praise 13” Maranatha, “전하세 예수 9” 두란노 경배와 찬양

286 온 맘으로 송축하리 “전하세 예수 4” 두란노 경배와 찬양

116 온 세상 죄 지고 가신(하나님의 어린양) “Lamb of God” Hosanna P&W 14, “Praise 12” Maranatha, “지성소” 예수전도단 7

103 왕의 왕께 영광을 “살아 계신 하나님“ 박종호 1

115 왕의 왕 예수 찬미예수 500 (1)

22, 243 왕의 왕 주의 주 “전하세 예수 9” 두란노 경배와 찬양

23, 140 왕의 지성소에 들어가 “Glory to the King” Hosanna P&W 5, “지성소” 예수전도단 7

177 왕이신 나의 하나님 “침묵기도 1” 두란노 경배와 찬양, “여의도 광장집회 경배와 찬양” 두란노 경배와 찬양

220 왕이신 예수 “김수지 2”, “해 뜨는 데부터”, “경배와 찬양 베스트 25”, 두란노 경배와 찬양 “크리스찬 라이브 은혜찬양 2”

178 왕이신 하나님 “Glorify Thy Name” Hosanna P&W 8, “Praise 11” Maranatha, “전하세 예수 4” 두란노 경배와 찬양

357 외로움도 견디어 나겠소(우리) “평화나라”

154 우리가 여호와께 노래하며 부르자 “우리는 주의 백성이오니” 예수전도단 5

193 우리는 주의 백성이오니 “우리는 주의 백성이오니” 예수전도단 5, “일어나라 빛을 발하라” 주찬양 7

212 우리를 사랑하사 “우리를 사랑하사” 송명수 1

267 우리 모두 노래합시다 “견딜 만한 아픔을 주시는” 신형원, “찬양메들리 3”, “열린 찬양 1”

340 우리 모두 다 함께 “교제 Song” Friends

100 우리 모일 때 “Praise 5” Maranatha, “예수 경배와 찬양 4” 은성예수찬양단

289, 228 우리 보좌 앞에 모였네(비전) “비전 Vision” 예수전도단 6, “부흥” 예수전도단 8, “지명” 박종호 8

351 우리안에 사랑을 “예수 경배와 찬양 4” 은성예수찬양단

346 우리에게 향하신 “전하세 예수 3” 두란노 경배와 찬양

72, 우리의 만남은(왕국과 소명) “다윗과 요나단 2”, 찬미예수 300 (1)

261 우리 주 예수님께서 “내 영이” 임마누엘 4

153 우리 찬양 향기되게 하시고 “보라 하나님은” 예수전도단 2, “날 이끄시네” 예아이

359 우리 함께 걸어요(우린 주안에 한가족) “쏠티와 함께 1” 샬롬노래선교단

24, 156 우리 함께 기뻐해 “Up to Zion” Hosanna P&W 41, “지성소” 예수전도단 7, “예수 경배와 찬양 6” 은성예수찬양단

Hosanna!

253 우리 함께 모여 "예수 경배와 찬양 4" 은성예수찬양단, "Celebration 2" 올네이션스 경배와 찬양

160 위대하고 강하신 주님 "예수 경배와 찬양 2" 은성예수찬양단, "아브라조 1"

341 위로하여라 "지명" 박종호 8, "박종호 최인혁 찬양모음" 예수전도단, "박종호 Best of", "박종호(the journey)"

315 유빌라데 우리 모두 "예수 경배와 찬양 4" 은성예수찬양단, "전하세 예수 9" 두란노 경배와 찬양

25, 167 이날은 주가 지으신 날 "열린 예배 Worship Best 25", "예수 찬양과 경배 6" 은성예수찬양단

371 이 세상 어둠속에서(어린양 되신 예수님) "좋은 씨앗 1"

254 이스라엘 하나님 찬양 "예수 찬양과 경배 4" 은성예수찬양단

337 이 시간 이곳에(주안에서) "소리엘 Live", "소리엘 2", "에클레시아 3"

95 이와 같은 때엔 "Praise and Honor" Hosanna P&W 10, "Praise 5" Maranatha,
     "전하세 예수 3" 두란노 경배와 찬양, "찬희의 생일 축하" 기쁨찬양 2

266 일어나라 찬양을 드리라 "Arise and Sing" Hosanna P&W 12, "연합찬양집회실황 2",
     "예수경배와 찬양2" 은성예수찬양단

268 입술로만(주님처럼 어디서나) "임마누엘 3"

자

173 재대신 화관을 "아멘 코러스-1 기쁨"

316 저 성벽을 향해 "Mighty Warrior" Hosanna P&W 13, "전하세 예수 5" 두란노 경배와 찬양

372 저 하늘나라 아기별님(예수님의 사랑 알까요) "방황하는 친구에게" 조환곤 1

201 전능하신 주님 "임마누엘 3"

151 전심으로 주 찬양 "부흥" 예수전도단 8

233 정결한 맘 주시옵소서 "Hymns & Choruses 3" Maranatha, 찬미예수 1000 (1),
     "왕이 다시 오시리-김성수" ICM 복음성가 3

168 존귀 오 존귀하신 주 "연합찬양집회실황 4", "예수 경배와 찬양 2" 은성예수찬양단

186 존귀 존귀하신 주 "예수경배와 찬양 4" 은성예수찬양단, "America's Best Praise & Worship"

26, 203 존귀한 주의 이름 "Draw Me Closer" Worship Songs of the Vineyard 5, "전하세 예수 9" 두란노 경배와 찬양

237 죄악에서 "임마누엘 4"

70 주가 나의 죄를(나 이제 자유하네) "We have Overcome" Hosanna P&W 27, "널 사랑하심" 임마누엘 5

66 주께 감사하세 "보라 하나님은" 예수전도단 2, "예수 경배와 찬양 2" 은성예수찬양단

317 주께서 전진해 온다 "Glorify Thy Name" Hosanna P&W 8, "전하세 예수 5" 두란노 경배와 찬양

41 주께 와 엎드려(예배드림이 기쁨됩니다) "To Him Who Sits on the Throne" Hosanna P&W 4,
     "Sing Out with one voice Hosanna" P&W 67, "우리는 주의 백성이오니" 예수전도단 5

28, 99 주는 나의 피난처 "경배와 찬양 Best 25 (3)" 두란노 경배와 찬양

191 주는 땅위에서(나는 주를 높이리라) "I Exalt Thee" Hosanna P&W 6, "오 주를 찬미하세" 한국 컨티넨탈 싱어즈 1,
     "Worship 주와 같은 분 내겐 없도다" 한사랑 1

47 주는 알파와 오메가 "해 뜨는 데부터" 예수전도단 1

349 주는 평화 "Praise 7" Maranatha, "연합찬양집회실황 1"

318 주님과 담대히 "Glorify Thy Name" Hosanna P&W 8, "전하세 예수 5" 두란노 경배와 찬양

113 주님 그 큰사랑 "Amazing Love" Hosanna P&W 30, "전하세 예수 8" 두란노 경배와 찬양

92 주님께 경배 드리세 찬미예수 1000 (2), "Project 마라나타", "경배하는 이시간 1",
     "경배와 찬양 Best 25 (3)" 두란노 경배와 찬양

358 주님께서 주시는 "America's Best 25 favorite praise & Worship choruses 1" Brentwood, 찬미예수 500 (1)

131 주님께 영광을 "어부늘의 찬양 2(감사해)", "어린이 찬양마을 1", "아기전사찬송 2"

93 주님 내가 여기 있사오니(나를 받으옵소서) "나를 받으옵소서" 박종호 2, "일어나라 빛을 발하라" 주찬양 7

29, 150 주님 내 아버지 "침묵기도 4" 두란노 경배와 찬양

288 주님 당신은 사랑의 빛(비추소서) "Amazing Love" Hosanna P&W 30, "Praise 10" Maranatha,
     "전하세 예수 6" 두란노 경배와 찬양

189 주님만 사랑하리 "I Exalt Thee" Hosanna P&W 6, "전하세 예수 5" 두란노 경배와 찬양

225 주님 사랑해요 "주님 아시지요" 찬양하는 사람들 2

30, 96 주님을 무엇보다 더 "The Solid Rock" Hosanna P&W 19, "예수 경배와 찬양 5" 은성예수찬양단

313 주님을 송축하리 "성가대를 위한 가스펠 편곡집 새노래 1"

171 주님의사랑 "위로" 이은수 1, "다윗과 요나단 1", "다윗과 요나단 Best", "사랑(마음의 영가)", "좋은 씨앗 4",
     "열린 예배 Worship Best 25", "알렐루야 6 "용덕중 복음성가 모음 2"

352 주님의 사랑이(주님 사랑 온누리에) "주님 사랑 온누리에" 예문 옴니버스 1, "모두 주님의 것" 바탕색 1

239 주님의 성령이(전하세 예수) "Clear the Road" Spring Harvest 5, "전하세 예수 1" 두란노 경배와 찬양,
     "전하세 예수 2" 두란노 경배와 찬양

63 주님의 성령 지금 이곳에(임하소서) "송정미 (Live Concert)", "에클레시아 8", "잃어버린 영혼을 위하여" 송정미

216 주님의 손으로 "Come Holy Spirit" Worship Songs of the Vineyard 3, "전하세 예수 1" 두란노 경배와 찬양

56 주님의 시간에 "Praise 4" Maranatha, "전하세 예수 3" 두란노 경배와 찬양

249 주님의 영광 나타나셨네 "전하세 예수 1" 두란노 경배와 찬양

81 주님 이곳에 "임마누엘 3", "영광과 존귀 높임을 받으소서(인피니스)"

221 주님이 나를 사랑하사(그 사랑) 찬미예수 1500 (3), "찬양하는 사람들", "임마누엘 1", "임마누엘 Selection"

277 주님 큰 영광 받으소서 "전하세 예수 5" 두란노 경배와 찬양

269 주님 한 분만으로 "내 기뻐하는 자" 임마누엘 7

264 주를 높이리라 "경배와 찬양 Best 25-1" 두란노 경배와 찬양, "들어오라 지성소로 3"

144 주를 높일지라 "To Him Who Sits on the Throne" Hosanna P&W 4, "Men In Worship" Hosanna P&W 63,
     "우리는 주의 백성이오니" 예수전도단 5, "침묵기도 3" 두란노 경배와 찬양

180 주를 찬양하며 "Praise 9" Maranatha, "Come Holy Spirit" Worship Songs of the Vineyard 3,
     "Draw Me Closer" Worship Songs of the Vineyard 5, "전하세 예수 1" 두란노 경배와 찬양

280 주 여호와는 광대하시도다 "Lamb of God" Hosanna P&W 14, "Praise 16" Maranatha,
     "전하세 예수 4" 두란노 경배와 찬양

255 주 우리 아버지 "Celebration 2" 올네이션스 경배와 찬양, "찬양여행 Praise Musical" 광성찬양선교단

80 주의 강한 용사들 "Magnificent Warrior" Graham Kendrick, "전하세 예수 6" 두란노 경배와 찬양

42 주의 거룩하심 생각할 때(주께 경배해) "Glorify Thy Name" Hosanna P&W 8, "Praise 9" Maranatha,
     "전하세 예수 2" 두란노 경배와 찬양

172 주의 나라에서(종이 되어 섬기세요) "Praise 2" Maranatha, "예수 경배와 찬양 6" 은성예수찬양단

59 주의 신을 내가 떠나 I "다시 부르는 노래" 소리엘

32, 294 주의 아름다움은 "The Lord Reigns" Hosanna P&W 23, "지성소" 예수전도단 7,
     "전하세 예수 9" 두란노 경배와 찬양

31, 228 주의 위엄 전하리 "Vision" 예수전도단 6, 찬미예수 1000 (2), "있는 모습 그대로"

33, 197 주의 이름 송축하리 "Almighty" Hosanna P&W 48, "전하세 예수 9" 두란노 경배와 찬양

 Praise

Hosanna!

121 주의 인자는 끝이 없고 "Lamb of God" Hosanna P&W 14, "Praise 5" Maranatha,
"침묵기도 2" 두란노 경배와 찬양, "보라 하나님은" 예수전도단 2

270 주의 인자하심을 "임마누엘 3", "좋은 씨앗 1"

271 주의 인자하심이 I "내 영이" 임마누엘 4

234 주의 장막이 어찌 그리 아름다운지요 "보라 하나님은" 예수전도단 2

76 주 찬양 전심으로 "Draw Me Closer" Worship Songs of the Vineyard 5, "In His Presence" Hosanna P&W 15,
"전하세 예수 2" 두란노 경배와 찬양

90 주 찬양합니다 "침묵기도 1" 두란노 경배와 찬양, "복 있는 사람은" 송정미 2

312 주 하나님(살아 계신 주) "오케스트라 복음성가 2", "주찬양 2(알렐루야)", "전하세 예수 Selection 2", "여의도 광장집회
경배와 찬양" 두란노 경배와 찬양, "전하세 예수 5" 두란노 경배와 찬양, 찬미예수 1000 (3), "임정선 골든 찬양 1"

149 주 하나님 아버지(크고도 놀라워라) "임마누엘 1"

82 즐거웁게 찬양하면서 "첫사랑때" 안성진 1

215 지존하신 주님이름 앞에 "Do Something New Lord" Chris Bowater,
"We shall conquer-Worshipping Churches" Kingsway, "전하세 예수 7" 두란노 경배와 찬양

373 짙은 안개 가득하던(평안을) "좋은 씨앗 1", "젊은 크리스찬 아티스트 30선 1"

차

162 찬송하라 "예수 경배와 찬양 2" 은성예수찬양단

183 찬양 알렐루야 I "전하세 예수 1" 두란노 경배와 찬양, "전하세 예수 4" 두란노 경배와 찬양

44 찬양을 드리며(주 앞에 옵니다) "우리는 주의 백성이오니" 예수전도단 5

36, 129 찬양의 제사 드리며 "Glorify Thy Name" Hosanna P&W 8, "지성소" 예수전도단 7

307 찬양 찬양 I "다윗과 요나단(Solo 1)", "찬양하는 사람들 3", "칼멘 찬송가 1", "임마누엘 3"

308 찬양 찬양 II "전하세 예수 6" 두란노 경배와 찬양, "예수찬양과 경배 2, 3" 은성예수찬양단,
"목요찬양집회실황 (2) · (3)", "찬양메들리 30곡 모음 1", "어린이 찬양과 경배 4" 은성교회 어린이 연합합창단

306 찬양하라 "살아 계신 하나님" 박종호 2, "전하세 예수 3" 두란노 경배와 찬양, "동행" 이은수 전혜영 2, "임마누엘 7",
"보리떡 1", "박종호 Selection", "365 찬양메들리 3"

214 찬양하라 내 영혼아 I "일어나라 빛을 발하라" 주찬양 7, "요나의 기도 Best 1", "나의 등뒤에서",
"최귀라 성가 골든 (3) · (4)", "열린 찬양 2"

282 찬양하리라 "전하세 예수 6" 두란노 경배와 찬양

309 찬양하세 "A People Prepared-Worshipping Churches" Kingsway, "전하세 예수 5" 두란노 경배와 찬양,
"하나님 한번도 나를 2", "어린이 경배와 찬양 2" 은성교회 어린이 연합합창단

37, 163 찬양해 주님의 종들아 Hosanna Music, "Up to Zion" HMC 41

333 축복하소서 "예수 경배와 찬양 5" 은성예수찬양단

카

161 크신 주께 "연합찬양집회실황 1", "예수 경배와 찬양 2" 은성예수찬양단

파

304 평강의 왕이요 I "You are My God" Hosanna P&W 9, "전하세 예수 2" 두란노 경배와 찬양

152 평강의 왕이요 II "전하세 예수 2" 두란노 경배와 찬양

342 평안을 너에게 "Praise 2" Maranatha, "연합찬양집회실황 1"

하

362 하나님께서는(하나되게 하소서) "에클레시아 1", "찬미예수 400", "이성호 3", "하나되게 하소서 5" "마라나타 싱어즈 2"
98 하나님 나 여기 있으니 "Come to the Table" Hosanna P&W 37, "전하세 예수 7" 두란노 경배와 찬양
284 하나님 아버지 "어린이 은혜 Camp 4", "어린이 찬양마을 4"
276 하나님 어린양 "Chris Bowater-Time for Tears" Kingswag, "전하세 예수 5" 두란노 경배와 찬양
58 하나님 오른편에 "Chosen Treasure" Hosanna P&W 42, "전하세 예수 6" 두란노 경배와 찬양
374 하나님은 우리의 피난처시요 "노래하는 어부들 2"
43 하나님의 음성을 (시편 40편) "다시 부르는 노래" 소리엘, "십대들을 위한 찬양대축제 2" Cross Life
123 하나님이 세상을 (요 3 : 16) 임마누엘 2
375 하나님이시여(주는 나의) "소리엘 1" 장혁재 지명현
192 하늘과 땅의(가라) "전하세 예수 4" 두란노 경배와 찬양
376 하늘을 바라보라(주님의 솜씨) "평안" 좋은 씨앗 1
176 할렐루야 전능하신 주께서 다스리네 "You are My God" Hosanna P&W 9, "해 뜨는 데부터" 예수전도단 1,
    "전신갑주를 취하라" 주찬양 11
38, 240 할렐루야 주가 다스리네 "Lord of All" Hosanna P&W 21, "지성소" 예수전도단 7
55 항상 진실케 "Draw Me Closer" Worship Songs of the Vineyard 5, "Praise 9" Maranatha,
    "The Solid Rock" Hosanna P&W 19, "연합찬양집회실황 3"
78 해 돋는 데부터 "손영진 찬양모음" 손영진 1, "예수 경배와 찬양 6" 은성예수찬양단
166 해 뜨는 데부터 "Shouts of Joy" Hosanna P&W 33, "해 뜨는 데부터" 예수전도단 1, "연합찬양집회실황 1"
303 형제여 우리 모두 다 함께 "내 입술로" 임마누엘 3
353 형제의 모습 속에 "예수 경배와 찬양 5" 은성예수찬양단, "Christian Camp Song" 다윗과 요나단
251 호산나 I "증인들의 고백" 주찬양 4, "이 땅을 고치소서" 주찬양 8, "전하세 예수 1" 두란노 경배와 찬양, "A-Men-1",
    "찬양하는 사람들 3", "나의 등뒤에서 3"
283 호산나 II "To Him Who Sits on the Throne" Hosanna P&W 4, "우리는 주의 백성이오니" 예수전도단 5
252 호산나 III "전하세 예수 2" 두란노 경배와 찬양

하나님은 예배하는 자를 찾으신다

영적인 예배 사역을 위한 지침서!

하나님은 예배의 형식에는 관심이 없으시고 다만 전심으로 자신을 향하고, 자신의 인도함에 열려 있으며 자신의 음성에 민감하게 귀기울이는 자를 찾으시며 자신과 아버지의 관계를 발전시키시는 아들을 찾고 계신다. 본서는 예배 인도자와 하나님을 예배하기 위한 모든 사람들에게 효과적인 지침서가 될 것이다.

크리스 보와터 지음/값 6,000원

이것이 예배다

예배에 대한 패러다임을 말한다!

21세기 예배 교과서로 하나님에 대한 갈망으로 목말라하는 이들에게, 시대에 뒤떨어지는 문화를 어떻게 재구상할 것인가 고민하는 경배 사역자, 리더들에게 어떻게 하면 문화적으로 적절하며 진실된 경배로 이끌어 갈 것인가에 관한 모든 것을 말하고 있다.

샐리 모갠쌀러 지음/값 14,500원

하나님을 갈망하는 예배사역

감격과 기쁨이 있는 예배를 말한다!

금세기 최고의 예배 사역자인 저자는 본서에서 예배의 본질과 예배가 삶이 되어야 하는 이유, 하나님이 찾으시는 예배, 예배 인도의 방법과 예배 인도자의 자세 등을 다루고 있다. 우리의 예배가 단순히 과거의 제한적인 상태나 현재 교회의 새로운 유행에 반응하지 않도록 도와줄 것이다.

그래함 켄드릭 지음/값 6,500원

온전한 찬양

하나님을 향한 사랑은 표현되어야 한다!

설교의 황제 스펄전은 주님의 백성으로 마땅히 해야 할 바는 찬양이며, 그 찬양은 온전하게 드려져야 한다고 말한다. 우리의 찬양이 제 흥에 겨워 불려지는 노래가 아닌 하나님과 주고받는 음악이 되기 위해서는 찬양의 대상과 의미와 능력을 잊어서는 안 된다고 저자는 강력하게 말한다.

찰스 H. 스펄전 지음/값 5,000원

찬양과 예배! 예배는 곧 삶!
나의 하나님을 찬양하라!

이 책의 특징

Chapter 1 : 새노래
새노래를 따로 분류함으로써 배움과 나눔에 있어서 효율성을 기했습니다.

Chapter 2 : BEST SONG
많이 드려질 수 있는 찬양을 따로 분류했습니다.

Chapter 3 : 경배와 찬양
구분은 경배와 찬양, 간구, 감사, 기쁨, 헌신과 위탁, 구원, 선포와 명령,
선교와 전도, 치유와 회복, 영적 전쟁과 승리 등으로 되어 있습니다.

Chapter 4 : 축복과 평안
교제와 축복, 그리고 평안과 화합을 위한 찬양들을 따로 분류했습니다.

Chapter 5 : 특별찬양
특송과 발표를 위한 곡들을 선정하여 분류했습니다.

"예배는 곧 삶"이 되어야 하는 까닭에 참된 예배자로서 하나님을 찬양해야 하며 황폐화된 이 땅을 하나님 나라로의 회복
과 주님의 주권 회복을 위해 21C 새로운 천년에도 계속적으로 하나님을 찬양해야 한다. Praise는 청년과 청소년들을 위
해 그들에게 맞는 곡들을 엄선하여 모은 찬양곡집이다.

청년과 청소년들을 위하여 엄선한 찬양모음집!
특히 각 곡들이 수록된 음반을 색인하고 있어 쉽게 곡을 배울 수 있도록 돕고 있다.

수록음반색인 있습니다!

프레이즈 1,2,3,4/편집부 엮음/46배판/각권 값 7,000원
프레이즈 합본1집, 합본2집/편집부 엮음/46배판/각권 값 7,000원

▶ **찬양과 예배! 예배는 곧 삶! 나의 하나님을 찬양하라!**
▶ **만왕의 왕, 만주의 주로 오시는 주님을 찬양합시다!**

21C 새로운 천년의 키워드 "겸손"

겸손의 열매 (선물용 케이스)
꿈이 많은 사람 지음/값 12,000원

가장 낮은 자의 모습을 아십니까?

강력추천

명성교회 김삼환 목사

신앙과 겸손은 별개가 아닙니다!

이 책은 겸손하게 인생을 살면서
하나님께 복을 받으려는 모든 사람에게 유익한 인생의 길잡이가 될 것입니다.

열매로 그 사람을 압니다!

뿌린 대로 거두는 법칙을 아십니까?

열매로 그 사람을 알 수 있습니다.

입술의 열매 (선물용 케이스) 꿈이 많은 사람 지음/값 12,000원

우리의 입술로 아름다운 세상을 만들자!

순종의 열매 (선물용 케이스) 꿈이 많은 사람 지음/값 13,000원

진정으로 하나님께 복받기를 원하십니까?

프레이즈 VOL. 1

1판　1쇄 발행 : 1997년 12월 12일
1판 11쇄 발행 : 2003년　2월 20일

편　자 : 편집부 / 악보정사 : 박아영
발행인 : 이원우 / 발행처 : **비전북출판사**
주　소 : (411-834) 경기도 고양시 일산구 장항동 585-11호
전　화 : (02)966-3090(대) / 팩　스 : (02)3293-6620

E-mail : vsbook@hanmail.net
등록번호 : 제10-1452호

공급인 : 박종태 / 공급처 : **비전북**
전　화 : (031)907-3927 / 팩　스 : (080)403-1004

Copyright ⓒ 1997 **비전북출판사**　Printed in Korea
값 4,000원

ISBN 89-87613-54-2　03230

❖ 잘못 만들어진 책은 바꾸어 드립니다.
❖ 본 도서의 내용을 일부 또는 전부를 허락없이 전재, 복사 또는 광전자 매체 수록 등을 할 수 없습니다.

 예배와 삶의 일치

복음에는 하나님의 의가 나타나서
믿음으로 믿음에 이르게 하나니; 기록된 바,
"**오직** 의인은 **믿음**으로 말미암아 살리라" 함과 같으니라.

로마서 1 : 17

비전북은 **줄**과**춤** 도서출판 와 **하늘사다리**가 연합하여 설립한 출판사로서
오직 믿음으로만 살았던 개혁 신앙을 계승 발전시키고
다시 오실 주님의 길을 예비하는 마음으로 21세기에도 역동적인 신앙을 세우는데
꿈과 비전을 품고 예배와 삶의 일치를 이루는 출판 공동체입니다.

프 레 이 즈 VOL. 1

편자 : 편집부 / 악보정사 : 박아영
발행처 : **비전북출판사**
전화 : (02)966-3090 / 팩스 : (02)3144-6620
공급처 : **비전북**
전화 : (031)907-3927 / 팩스 : (080)403-1004

값 4,000원